KB169827

모든 교사, 학부모가 꼭 알아야 할

학습과학 77

The Science of Learning:
77 Studies that Every Teacher Needs to Know

브래들리 부시 · 에드워드 왓슨 지음

신동숙 옮김

이찬승 감수

 교육을바꾸는사람들

The Science of Learning: 77 Studies That Every Teacher Needs to Know by
Bradley Busch and Edward Watson
Copyrights ⓒ 2019 Bradley Busch and Edward Watson
All Rights Reserved

Korean translation copyright ⓒ 2020 ERICK
Published by arrangement with Routledge, a member of the Taylor & Francis
Group, Abingdon, Oxon, England
Through Bestun Korea Agency, Seoul, Korea
All Rights Reserved

이 책의 한국어판 저작권은 베스툰 코리아 에이전시를 통한 Routledge사와 독점
계약한 '교육을바꾸는사람들(ERICK)'에 있습니다.
저작권법에 의하여 한국 내에서 보호를 받는 저작물이므로 무단전재 및 복제를
금합니다.

모든 교사, 학부모가 꼭 알아야 할
학습과학 77

브래들리 부시 · 에드워드 왓슨 지음

신동숙 옮김

이찬승 감수

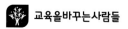 교육을바꾸는사람들

이 책에 쏟아진 찬사

오랫동안 기다려온 책이다. 1980년대에 미국과 영국의 교사연수과정을 맡은 이후로, 교육학과 심리학 분야의 중요하고 영향력 있는 연구를 이해하기 쉽게 정리한 책이 있었으면 좋겠다는 생각을 많이 했다. 바로 이 책이 그런 책이다. 이 책의 저자인 브래들리 부시와 에드워드 왓슨은 60여 년 동안의 교육학과 심리학 연구 중에서 모든 교사가 알아야 할 핵심적인 연구 77편을 엄선해서 재미있고 읽기 편하게 제시한다. 이제 막 교직의 길에 들어선 교사에게도 오랜 경험을 가진 교사에게도 수업에 실질적으로 큰 도움이 될 것이다. 강력히 추천한다.

　　　　─딜런 윌리엄(Dylan William), 영국UCL 명예교수

교사든 부모든 학생이든 학습에 관심이 있는 사람이라면 이 책을 읽지 않고서는 배길 수 없을 것이다. 효과적인 교수법, 학생의 행동과 심리, 메타인지, 학습동기, 기억력, 회복탄력성, 부모의 기대 등 학습과 관련한 핵심 이슈만을 다룬 가장 중요하고 영향력 있는 연구를 골라서 소개한다. 저자인 부시와 왓슨은 배움의 과정에 있는 아동과 청소년에게 가장 유용한 도움을 주고자 하는 모든 사람을 위한 최고의 선물을 마련했다. 아주 효과적이고 간결하고 매력적인 이 책을 학교마다, 가정마다, 도서관마다 구비해두면 좋을 것이다.

　　　　─데임 앨리슨 피콕(Dame Alison Peacock), 영국교육대학 학장

이 책은 지금 교사와 부모들에게는 아주 시의적절한 선물이다. 학계의 깊이 있는 연구와 검증된 증거들을 잘 활용하기만 하면 아이들을 가르치는 데 확실한 도움이 된다. 하지만 가장 중요한 연구를 선별하고, 연구내용을 이해해서 교육현장에 적용하는 일은 바쁜 교사들로서는 그리 간단한 문제가 아니다. 이 점에서 이 책은 탁월한 해결책이다. 학습 관련 놀라운 연구들을 선별해서 그 연구결과를 뛰어난 솜씨로 명확히 요약했다. 이 책에서 소개하는 77개 연구결과 모두 그 내용은 간결하지만 심오한 의미를 담고 있다. 특히 '실제 활용하기' 코너에서는 이 지식이 수업에 어떤 영향을 미칠까에 관한 현명한 의견을 제시한다. 거듭 말하건대, 설명은 단순하지만 내용은 결코 단순하지 않은 뛰어난 책이다. 깊이 있는 연구들을 정확히 해석해서 현명하게 적용하는 과정은 결코 쉽지 않은 일이다. 그 어려운 일을 이 책은 해냈다. 모든 교사, 학부모들이 꼭 한 권씩 소장해야 할 책이다.

　　—조니 노악스(Jonnie Noakes), 영국 이튼칼리지 교수학습부장

지금껏 기다려왔던 책이다! 학계의 최신 연구를 수업에 적용할 수만 있다면 가르치는 교사나 배우는 학생 모두에게 큰 도움이 될 것은 자명한데도 이제 껏 누구도 선뜻 도전하지 못했다. 이러한 연구자료를 열람하는 데는 상당한 돈이 들뿐만 아니라 자료 자체가 전문적이어서 쉽게 이해할 수 없게 작성되어 있기 때문이다. 더욱이 연구자료의 양 자체가 워낙 방대하다 보니, 가르치는 데 도움이 될 연구자료를 선별하는 것도 만만치 않은 일이다. 그렇지 않아도 바쁘고 고단한 교사들로서는 감당해야 할 기회비용이 너무 커서 엄두가 나지 않는 것이다.

　　고맙게도, 이 책의 저자 부시와 왓슨이 이 어려운 일을 해냈다. 방대한 연구자료 중 가장 핵심적인 연구자료 77개를 뽑아 누구나 쉽게 이해할 수 있도록 요약한 것이다. 더욱이 인포그래픽을 적극 활용한 흥미로운 구성으로 직관적인 이해를 가능하게 했다. 처음부터 끝까지 순서대로 읽기보다는 이리저리 훑어보며 관심 가는 부분에 집중해서 볼 수 있도록 독자의 편의성을 고려한 구성도 인상적이다. 누구든 책을 손에 들고서 몇 분도 지나지 않아서 아주 중요한

연구내용의 핵심 결과를 파악할 수 있을 것이다. 부시와 왓슨이 내놓은 이 귀한 책은 교육계에 몸담은 사람들은 물론이고, 효과적인 학습을 고민하는 사람, 더 나아가 교육에 관심이 있는 사람이라면 반드시 읽어야 할 책이다. 주위의 모든 교사, 학부모, 학생들에게 이 책을 추천할 생각이다!

— 크리스 힐드루(Chris Hildrew), 영국 처칠 아카데미 교장

이 시대 교사들은 다음 2가지 핵심 질문을 마음속에 품고 있다. 첫째, 아이들을 잘 가르치려면, 또 아이들이 효과적으로 배우려면 교사는 '어떤 연구내용을 알고 있어야 하는가?'이고, 둘째, '그 정보를 수업에서 어떻게 활용해야 할 것인가?'이다. 이 질문에 대한 답이 이 책에 담겨 있다. 특히, 넘쳐나는 자료와 정보 속에서 신뢰할 수 있는 증거 기반의(evidence-based) 자료를 찾고, 검증된 교수학습 전략을 도입 적용하고자 하는 교장과 교감, 일선 교사, 학부모 모두에게 아주 유용한 지침서이다. 누구든 아주 쉽게 읽고 소화할 수 있는 이 특별한 책은 교사 전문성 개발(CPD) 프로그램 관계자들에게도 영감을 불어넣고 실질적인 도움을 줄 것이다.

— 칼 헨드릭(Carl Hendrick), 영국, 『What Does This Look Like in the Classroom(수업에서 어떻게 활용될까?)』 저자

교사들은 늘 시간에 쫓기기 때문에 학생들을 더 잘 가르치는 데 도움이 될 수 있는 학계의 주요 연구자료를 찾아 읽기가 좀처럼 힘들다. 고맙게도 이 책의 저자 부시와 왓슨은 방대한 양의 인지심리학 연구 중에서 핵심적인 내용만을 뽑아서, 교사들이 쉽고 간편하게 읽을 수 있는 형태로 만들었다. 교사들에게 시의적절하고 귀한 선물이 되어줄 것이다.

— 알렉스 퀴글리(Alex Quigley), 영국, 『Closing the Vocabulary Gap(어휘 격차 줄이기)』『The Confident Teacher(자신감 있는 교사)』 저자

서문

지난 시절의 연구는 16세기 이후 지속적으로 개선되어온 오래된 행동규범을 따랐다. 즉 어떤 연구가 일단 동료 연구자의 검증을 거쳐 발표되면, 반복연구와 반증연구가 뒤를 잇는 식이다. 그 기본 전제는 "거인의 어깨 위에 서라."라는 아이작 뉴턴(Isaac Newton)의 격언처럼, 새로 발표된 논문들에 꾸준히 증거를 덧붙이고 조금씩 개선하고 해석하는 것이었다. 증거의 양이 폭발적으로 증가하고, 그 내용을 인터넷으로 손쉽게 찾아볼 수 있는 20세기 후반부터는 과거의 규칙이 흔들리고 무시되는 경우가 비일비재해졌다. 지금은 증거가 태산처럼 쌓인 시대이다. 이제는 정치인, 학부모, 정책입안자, 교육자까지 누구나 증거를 요구한다. 그렇다면 과연 누구의 증거를 대야 하는 걸까?

부정과 의심이 폭발적으로 증가하는 가운데, 세계 주요 나라의 지도자는 대중에 영합하려는 목적으로 이러한 경향을 이용한다. 이들이 활용하는 가짜뉴스, '거짓말, 새빨간 거짓말, 그리고 통계', 낚시기사는 바람직한 논쟁을 가로막고 있다. 바야흐로 '탈진실(post-truth)'(2016년 『옥스퍼드 영어사전』 올해의 단어로 선정되었음)의 시대이다. "진실은 죽었고, 사실은 이미 시대에 뒤떨어졌다." 듣기에 번드르르한 말을 쏟아내거나 비공식적인 경로로 대중의 의견이나 상황의 적법성을 가늠하는 것이 관행이 됐다.

모든 교육자가 더 좋은 학교를 만들기 위한 자기만의 방법을 주장하지만 그 해결책은 대부분 여러 연구에서 나온다는 사실에 주목하면서부터 나는 이런 현상에 관심을 갖기 시작했다. 그들에게는 자신이 내세우는 방법을 뒷받침할 증거가 잔뜩 있었다. 한때는 나도 그런 학교의 학생이었지만, 돌아보면 그런 주장 중 상당수는 아무리 봐도 옳게 느껴지지 않았다. 이와 관련된 문제를 탐구하면서 나는 '작동하는 방법'에서 '최적의 방법'으로 논의의 쟁점을 옮기겠다고 마음먹고 질문을 제기했다. 그에 관한 증거를 찾기 위해 메타분석을 종합해, 개입(intervention)의 효과가 가장 높은 순서대로 정리했다. 놀랍게도 교육자들이 학업성취도를 높이기 위해 활용하는 방법 중 무려 95퍼센트 이상이 실제로 효과가 있다는 사실을 발견했다. 그 후 구체적인 연구의 틀에 변화를 주어 단순히 어떤 방법이 학업성취도를 높이는가에 머무르지 않고, 효과적인 개입과 그렇지 않은 개입의 차이를 낳는 요인이 무엇인지 알아보았다. 연구논문 9만 건, 학생 2억 5,000만 명, 관련 요인 250가지를 조사한 끝에 일련의 연구결과를 내놓게 되었다. 놀랄 것도 없이(그리고 당연하게도), 이 연구결과에 대해 열띤 반박과 반증이 뒤따랐다.

더 많은 증거가 요구되는 시대는 점차 물러가고 있다. 이미 나와 있는 엄청난 양의 증거를 고려하면, 이제는 무작정 많은 증거를 내놓기보다는 그 증거를 어떻게 이해하기 쉽게 다른 형식으로 바꾸어 전파하는지가 더 중요한 시대가 됐다. 교육기금재단(Education Endowment Fund, EEF)은 이런 활동의 좋은 예로, 앞으로 이와 같은 사례가 더 많이 나와야 한다. 이제는 증거를 알기 쉽게 바꾸어 적용하기 위한 한층 효과적인 모델을 제시하는 것이 더욱 절실하다. 나는 '다른 형식으로 바꾸기(translation)'라는 개념을 좋아한다. 이는 독자들이 실제로 이해할 수 있도록 돕는 과정이기 때문이다. 때에 따라서는 이런 형식 바꾸기가 없거나, 설령 있더라도 충실하지 못하면 독자는 이해할 수 없게 된다. 앞으로는 연구내용을 더 쉽게 현장에 적용할 수 있게 형식을 바꾸는 것이 학계에서 가장 흥미로운 발전 분야가 될 것이다.

이런 의미에서, 이 책은 상당히 앞서나가는 책이다. 저자들이 내가 집필한 논문의 사실관계를 확인해달라고 서면으로 부탁했을 때, 나는 방대한 개념을 독자들이 쉽게 이해할 수 있게 정리하고 제시한 이들의 능력에 큰 감명을 받았다. **저자들은 연구내용을 조금도 폄훼하거나 핵심개념을 누락하지 않고 아주 멋진 솜씨로 담아냈다. 이들은 시각적 요소와 글을 뛰어나게 조합했으며, 학업성취도와 관련된 아주 중요한 77가지 연구를 선정해서 독자들이 쉽게 읽을 수 있게 편집했다.**

이 책에서 소개되는 연구결과 중 2가지만 예를 들자면, 하나는 글과 그림이 함께 배치된 교재로 공부한 학생이 글이나 그림으로만 구성된 교재로 공부한 학생보다 문제를 두 배 이상 더 많이 맞혔다는 사실이고, 또 다른 하나는 과정을 상상하는 것이 도움이 된다는 사실이다. 저자들은 이 내용을 적용해서 책을 구성했다. 본문에 삽입된 그림은 내용의 이해를 돕고, 교사연수에 활용할 수 있으며, 실제 수업에의 시사점을 제공한다.

1921년에 프레드 바너드(Fred Barnard)는 "한 장의 사진은 천 마디 말과 같다."라는 문구로 광고를 만들면서 "이는 '백문불여일견(百聞不如一見)'이라는 동양의 속담과 같아 사람들이 진지하게 받아들일 것"이라고 말했다고 한다. 이 책의 공저자 브래들리 부시와 에드워드 왓슨은 실제로 인지신경과학 연구를 진지하게 받아들여 수천 개의 단어를 아주 훌륭한 그림으로 바꿔 넣었다. 그리고 이런 기법 덕분에 연구를 효과적으로 적용할 수 있게 되었다. 이는 지금과 같은 증거의 시대에 꼭 필요한 일이다.

내가 그랬던 것처럼, 독자들도 이 책을 손에 들자마자 흥미와 재미를 느끼면서 푹 빠져들어 깊이 생각하고, 더 자세히 알아보고, 질문하고, 더 많이 찾아보게 될 것이다. 이 책은 내가 '최근 10년간 읽은 책 중 최고'이다. 앞으로도 이런 책이 더 많이 나오기를 소망한다.

—존 해티(John Hattie)

들어가는 말

학습과학(science of learning)이란 무엇일까? 학습과학은 학생들이 더 효과적이고 능률적으로 학습하는 방법을 탐구하는 학문이다. 학습과학 연구는 지금까지 상당히 발전해왔다. 하지만 교사를 비롯해 학부모와 학생 등 정작 학습과학 연구내용이 절실히 필요한 많은 이에게는 관련 연구가 제대로 전달되지 않고 있는 형편이다.

여기에는 다음과 같은 3가지 요인이 작용했을 것으로 보인다.

첫째, 대부분의 사람은 이런 연구내용을 어디에서 찾을 수 있는지 잘 모른다.

둘째, 어디를 찾아봐야 할지 알더라도 관련 논문을 열람하려면 상당한 비용이 들고, 대학의 논문열람서비스를 이용할 수 있는 자격이 있어야 한다.

셋째, 관련 논문을 손에 넣었다 하더라도 쉽게 읽히지 않거나 이해하기 힘든 논문이 많다. 예컨대 우리가 좋아하는 어떤 연구의 결론은 다음과 같은 공식으로 정리되어 있다.

$$Rating(k) = \beta_1 rating^{(k-1)} + \sum_{i(k-1)}^{i(k)} \beta_2 shocks^{(k)} + \beta_3 variable\ term^{(k)}$$

이 책에서 우리는 많은 이들이 느끼는 위 3가지 난관을 해결하고자 노력했다. **학습과학을 다룬 연구 중 가장 중요하고 영향력 있는 연구**

77편을 선별하고, 그 구체적인 내용을 독자들이 읽기 쉽게 정리했다.

이 책에 소개된 연구는 영국, 미국, 중국, 뉴질랜드, 캐나다, 일본, 오스트레일리아, 독일, 스페인, 프랑스, 네덜란드, 벨기에, 이스라엘 등 세계 곳곳의 대학에서 진행된 수많은 연구에서 선별한 것이다. 그 중에는 특별한 상징성이 있거나 독특하고 별난 연구도 있다. 어떤 연구는 대규모 집단을 대상으로 한 것이고, 반대로 어떤 연구는 소규모 집단을 대상으로 진행됐다. 아주 오래전에 나온 것도 있고, 비교적 최근에 발표된 연구도 있다. 가령 어떤 연구는 학생들을 40년 동안 추적 관찰했고, 어떤 연구는 단 하루 동안의 실험을 통해 결론을 도출했다. 그렇다면 **이 연구들에는 어떤 공통점이 있을까? 바로 모두 '어떻게 해야 학생들이 공부를 더 잘하도록 도울 수 있을까?'라는 질문에 대한 답을 찾고자 했다는 것이다.**

스코틀랜드의 시인 앤드루 랭(Andrew Lange)은 "술 취한 사람이 가로등에 기대듯, 무언가를 밝히기 위해서가 아니라 무언가에 기대기 위해 통계를 사용하는 사람들이 있다."라고 말했다. 심리학 연구논문을 대할 때도 그와 같은 주의가 필요하다. 인간의 학습방식에 관해 알려진 내용은 끊임없이 발전하고 있다. 새로운 연구가 계속 발표되고, 기존의 연구결과가 뒤집히기도 한다. 현재 알려진 사실들은 절대 바뀌지 않는 진리가 아니다. 그렇기에 이 책에서 소개하는 내용은 심리학 연구를 통해 현재까지 밝혀진 사실들일 뿐 불변의 진리가 아니다.

어떤 논문 한 편이 결정적인 답이 될 수는 없지만, 그래도 약간의 지침을 제시해줄 수는 있다. 따라서 각각의 연구가 실 한 가닥의 역할을 한다고 보는 것이 가장 좋다. 한 발 물러서서 바라보면, 한 가닥 한 가닥의 실이 엮여 만들어진 '학습과학'이라는 멋지고 풍성한 태피스트리(tapestry)가 눈에 들어올 것이다.

이 책의 구성

이 책은 일반적인 책들과는 조금 다르게 구성되었다. 우리는 이 책을 설계할 때 학습과학의 연구결과를 소개하는 데 머물지 않았다. 그런 연구결과들을 최대한 반영해서 책을 구성했다. 이를테면 여러 주제를 뒤섞어서 배열했고(학습과학 04), 그림과 글이 한데 어우러지도록 배치했으며(학습과학 41), 대부분의 항목에서 글의 첫머리에 핵심적인 질문을 먼저 제시한 다음 나머지 설명을 이어갔다(학습과학 69). 그리고 **특정 주제의 학습과학만 골라서 읽고자 하는 독자들을 위해서, 다음과 같이 주제별로 색깔을 달리해 한눈에 알아볼 수 있게 구성했다.**

가령, 기억력 향상에 관한 내용만 보고 싶으면 파랑색 부분을 찾아 읽으면 된다. 또 책의 후반부에는 '색깔별로 찾아보는 학습과학 조언' 코너를 두어 학생을 위한 조언, 학부모를 위한 조언, 교사를 위한 조언, 기억력 향상을 위한 조언 등 대상별 혹은 주제별로 학습과학 조언을 쉽게 찾아볼 수 있도록 색깔별로 모아 제시했다.

- **기억력 향상**
  기억력을 향상시키기 위한 전략

- **사고관점, 동기, 회복탄력성**
  끈기와 노력을 키우고 태도를 개선하는 법

- **자기조절과 메타인지**
  더 명확하고 유용하고 일관성 있게 생각하는 법

- **학생의 습관과 행동**
  커다란 차이를 낳는 학생들의 습관과 행동

- **교사의 태도, 기대, 행동**
  수업에서 학생들의 배움에 영향을 주는 중요한 방식이나 절차

- **부모의 태도, 결정, 행동**
  부모의 기본적인 선택, 결정, 행동, 그리고 그것들이 학습에 미치는 영향

- **사고의 편향성**
  학습에 방해가 되는 그릇된 습관이나 버릇

본문에 실린 학습과학에 관해 더 자세한 정보를 알고자 하는 녹자늘은 책 후반에 실린 '학습과학을 뒷받침하는 연구논문 77'을 보길 바란다.

목차

학습과학 77

색깔별로 찾아보는 학습과학 조언

학습과학 77

01

어떻게 해야
오래 기억할 수 있을까?

 흥미로운 실험

2013년에 켄트주립대학교, 듀크대학교, 위스콘신대학교, 버지니아
대학교의 연구자들은 배운 내용을 오래 기억하려면 어떤 방법으로 공
부하는 것이 가장 좋은지 알아보기 위해 관련 연구 수백 편을 검토했고
그 결과를 발표했다.

📈 밝혀진 사실!

---

1 다음 2가지 활동은 장기기억 향상에 매우 큰 효과가 있었다.

인출연습

주어진 문제에 답을 생각해내는 활동이다. 기출문제 풀기, 객관식 문제 풀기, 서술형 질문의 답 작성하기 등이 그 예다.

분산연습

'시간 간격을 둔 반복연습(spacing)'이라고도 한다. 즉 벼락치기로 한꺼번에 몰아서 공부하는 것이 아니라 조금씩 나눠서 공부하는 방식이다. 몰아서 공부하기보다는 시간 간격을 두고 분산해 배우고 동일한 내용을 여러 차례 복습했을 때 아이들은 더 많은 내용을 기억한다.

2 다음 2가지 활동도 장기기억 향상에 상당한 효과가 있었다.

정교화 질문

'어째서 그럴까?' '왜 이것이 답이 될 수 있지?'라고 스스로 질문한다. 그러면 지금 배우는 내용과 예전에 배운 내용의 관련성을 생각하게 된다.

인터리빙

다양한 유형이 섞인 문제를 푸는 활동(interleaving)이다. 이렇게 하면 매 단위시간에 1가지 유형의 문제만 푸는 상황(blocking)을 피할 수 있다.

3 다음 2가지 활동은 별다른 도움이 되지 않았다.

형광펜 등으로 강조하거나 밑줄 치기

많은 학생이 선택하는 방법이지만, 밑줄을 긋거나 형광펜으로 표시하는 것은 장기기억에는 도움이 안 될 때가 많다.

다시 읽기

장(章) 전체를 다시 읽고 나면 무엇인가를 학습했다는 기분은 들 수 있지만, 실제 생각만큼 학습에 도움이 되지 않을 수 있다.

세계의 수많은 학자가 이 연구를 뒷받침하는 결과를 보고했다. 인출연습(retrieval practice)으로 가장 큰 효과를 보려면, 심리적으로 부담이 적은 상황에서 인출연습을 진행해야 한다. 다시 말해 아이들에게 더 큰 스트레스를 유발하거나 실력을 평가하는 수단으로 이 훈련을 사용해서는 안 된다. 분산연습(distributed practice)의 경우 시간 간격을 얼마나 두고 복습하는 것이 가장 좋은지 아직 밝혀지지 않았으며, 현재 연구가 진행되고 있다.

많은 학생이 선호하는 공부 전략이지만, 실제 학습에 도움이 안 되는 경우가 많다는 연구결과도 있다. 예를 들어, **중요한 내용을 반복해서 읽는 방법으로는 좋은 성적을 거두기 힘들다(학습과학 23)**. 그런데도 학생들은 더 효과적인 공부법으로 알려진, 문제를 많이 푸는 방법보다는 단순히 중요 내용을 반복해서 읽으며 공부하는 방법이 가장 좋다고 생각하는 경우가 많았다. 마찬가지로 **음악을 들으며 공부하는 것도 사실은 공부에 도움이 안 되지만, 많은 학생이 그런 공부법을 여전히 고수한다(학습과학 17)**.

🏛 실제 활용하기

이런 연구결과를 어떻게 활용할 수 있을까? 아이들의 특성과 가르치는 과목에 따라 다를 것이다. 수업이나 공부를 시작하거나 끝낼 때 간단한 쪽지시험을 보게 하면 인출연습에 따른 시험효과(testing effect)를 얻을 수 있다. 영국처럼 단원평가를 보지 않는 곳에서는 분산연습의 비중이 크기 때문에 배운 내용을 반복적으로 복습하는 것이 더욱 중요하다.

그리고 **어떤 공부법이 효과가 있고 어떤 것은 효과가 없는지를 아이들에게 꼭 알려주어야 한다.** 배운 내용을 단순히 반복해서 읽거나 밑줄을 치면서 시간을 보내면 그보다 훨씬 효과적인 방법으로 공부할 수 있는 소중한 시간을 아깝게 흘려보내는 셈이 된다. 그래서 이 연구의 저자들은 다음과 같이 설명한다.

> "(많은 교사와 학부모가) 교과내용과 비판적인 사고력을 가르치는 데는 역점을 두지만, 학생들에게 도움이 될 효과적인 학습방법과 스킬(skills)을 가르치는 데는 시간을 덜 투자한다. … 이와 같은 공부법을 가르치는 것이 교과내용을 가르칠 시간을 그다지 많이 빼앗지는 않는다. 오히려 다양한 과목의 수업에서 지속적으로 가르치면 공부법이 성적에 미치는 효과를 학생들이 폭넓게 경험할 수 있을 것이다."

02

포부와 기대는
높을수록 좋을까?

 흥미로운 실험

포부(aspiration)와 기대(expectation)는 같은 개념이 아니다. 무언가가 실현되기를 바라는 것이 포부이고, 그렇게 될 것으로 예상하는 것이 기대이다. 높은 포부와 기대는 아이들의 성적에 어떤 영향을 미칠까? 아이들에게 큰 목표를 향해 도전하라고 말하면 실제로 이룰 가능성이 커질까? 브리스톨대학교의 연구자들은 640개 학교의 학생 770명을 장기간 조사해서 포부와 기대가 영국의 중등교육자격시험(General Certificate of Secondary Education, GCSE) 성적과 대학 진학률에 어떤 영향을 미치는지 알아보았다.

밝혀진 사실!

1. 포부와 기대가 모두 높은 학생은 과반수(58퍼센트)였다.

2. 포부와 기대가 모두 낮은 학생은 GCSE에서 가장 나쁜 결과를 얻었다. 포부와 기대가 모두 높은 학생은 C등급 이상(A+에서 C 사이)을 받은 과목이 평균적으로 두 과목 더 많았다.

3. 포부는 높지만 기대가 낮으면 대개 성취도도 낮았다. 이런 학생들은 포부와 기대가 모두 높은 학생들에 비해 C등급 이상을 받은 과목 수가 5개도 안 될 가능성이 두 배나 되었다.

4. 9학년(한국의 중학교 3학년에 해당―옮긴이) 때 부모가 자녀의 대학 진학을 기대했던 학생들은 부모의 기대가 없던 학생들보다 실제로 대학교에 진학할 가능성이 다섯 배나 높았다.

아이들의 포부를 키우기 위한 교육활동 대부분은 학업성취도 향상에 도움이 거의 안 된다는 사실이 후속연구를 통해 밝혀졌다. 포부가 컸지만 목표 달성이 불가능한 아이들은 원망하거나 좌절하고, 사회적으로 위축되는 경향을 보였다.

높은 기대와 높은 포부가 결합했을 때는 영향력과 예측력이 훨씬 더 큰 것으로 확인됐다. 자신에 대한 높은 기대는 쪽지시험에서 정답을 더 많이 맞힐 수 있다는 자신감을 높여주었다. **새 학년을 시작하거나 새로운 프로젝트에 착수할 때 높은 기대를 품으면 가장 효과가 크다는 점도 밝혀졌다.** 부정적인 생각이나 선입견 없이 신학기나 새로운 프로젝트를 시작할 수 있기 때문이다.

부모와 교사의 기대가 아이의 성적에 미치는 영향을 조사한 흥미로운 연구도 있다. **대부분의 경우 부모와 교사의 기대가 높으면 성적향상에 도움이 되는 것으로 나타났다(학습과학 09, 11). 주의할 점도 있다. 기대가 너무 높아서 실현 가능성이 없을 경우에는 아이에게 스트레스와 불안을 유발할 수도 있다(학습과학 33).**

🏛 실제 활용하기

이 연구는 높은 포부와 기대를 품는 것이 중요하다고 설명한다. 하지만 전체 학생을 대상으로 개입(intervention)을 해서는 이미 학생 대다수가 높은 포부와 기대를 품고 있기 때문에 그 효과가 없을지 모른다. 그보다는 포부와 기대가 낮은 학생들만을 위한 프로그램을 계획하는 편이 투입시간, 에너지, 비용 대비 성과가 훨씬 클 것이다.

포부는 크지만 기대가 낮은 학생들에게 적합한 접근법도 있다. 관련 연구의 저자들은 이렇게 설명한다.

"본 연구결과는 학생들이 큰 포부를 갖고 유지하도록 정책입안자, 교사, 학교 관계자가 도와야 한다는 사실을 보여준다. **특히 가정환경이 불우하거나 빈곤한 학생들이 높은 포부를 갖도록 필요한 스킬을 갖춰주는 게 중요하다.**"

이러한 스킬에는 성적향상과 직결되는 높은 포부 및 동기를 이용하게 해주는 전략이라면 다 포함된다. **메타인지(metacognition), 자기조절, 분산연습이나 인출연습 같은 효과적인 암기전략, 배운 내용을 남에게 가르치기(학습과학 42) 등이 그 예다.**

03

계획과 실행이
따로 노는 이유

 흥미로운 실험

계획오류(planning fallacy)는 대부분의 사람이 어떤 과제를 끝내는
데 필요한 시간을 너무 적게 추산하는 현상을 설명하는 말이다. 연구자
들은 이런 경향이 학생들에게도 적용되는지 알아보고자 다양한 과제
와 활동을 제시하고, 그것들을 끝내는 데 시간이 얼마나 걸릴 것으로
예상하는지 물었다. 그 후 학생들의 예측이 얼마나 정확했는지, 예측
대로 성취할 가능성을 가장 높인 조건은 무엇이었는지 분석했다.

📈 밝혀진 사실!

1 실험에 참여한 학생의 70퍼센트 이상이 예상보다 과제를 늦게 끝냈다. 과제수행에 필요한 예상기간은 평균 34일이었지만, 실제 소요기간은 평균 55일이었다.

70%

2 예상보다 시간이 오래 걸린 이유는 과제의 유형과 관계없이, 집을 청소하거나 자전거를 고치는 등의 일상활동이나 다른 공부를 하면서 시간을 보냈기 때문이었다.

예상 소요 기간

실제 소요 기간

3 **58%** > **29%**

같은 연구의 다른 실험에서는 58퍼센트의 학생이 예전에 비슷한 과제를 한 경험을 적극적으로 떠올리면서 다음 과제의 소요기간을 정확히 예측했다.

이런 방법을 사용하지 않고도 정확히 예측한 학생은 29퍼센트였다.

4 제출기한을 스스로 정할 때보다 정해진 기한에 따라야 했을 때 제시간에 맞출 가능성이 컸다.

5 학생들은 앞일을 예측할 때, 잠재적인 난관보다는 순조로운 진행을 떠올리는 경향이 컸다.

🔍 관련 연구

상당히 많은 연구가 **목표와 제출기한을 정하는 것의 중요성을 다루었다. 목표를 정하면 주의를 한곳에 집중하고, 집중력이 흐려지는 것을 최소화하고, 근면과 끈기를 키우는 데 도움이 된다. 그리고 제출기한이나 마감을 정하면 학생들이 한 학년을 보내는 동안 시간과 에너지를 더 효율적으로 관리할 뿐 아니라 성적도 전반적으로 향상되는 것으로 나타났다**(학습과학 56). 이런 효과가 나타나는 이유는 기한이 많이 남았다고 느낄수록 신경을 덜 쓰게 돼서 시간과 노력을 효율적으로 분배하려는 의지가 약해지기 때문이다.

시간을 더 효율적으로 관리할 방법을 탐구한 어떤 연구는 사람들의 미적대는 습관을 최소화할 방법을 집중적으로 파헤쳤다. 그중 사람들에게 잘 알려진 요령은 다음과 같다. 새로운 과제를 시작하기만 해도 중대한 고비를 넘는 셈이므로 우선은 하루에 단 몇 분이라도 잠깐씩 해보는 것이다. 그 밖에 자기조절 능력을 키워서 정신이 산만해질 가능성을 줄이는 방법, 어렵고 중요한 과제는 늦은 밤이 아니라 체력과 에너지가 더 많은 아침에 끝내는 방법 등이 있다.

🏛 실제 활용하기

학년이 높아질수록 독립적 학습(independent learning)이 중요해진다. 스스로 책임감 있게 학습하기 위해서는 시간을 잘 관리하는 습관과 각 과제에 필요한 시간이 얼마나 될지 정확히 예측하는 능력이 아주 중요하다.

학생들이 과제 완수에 필요한 기간을 정확히 예측하는 데 교사와 부모가 도움을 주는 중요한 방법이 2가지 있다. 첫째는 과제를 작은 부분으로 나누고 각 부분의 제출기한을 교사나 부모가 정해주는 방법이다. 둘째는 과거에 했던 비슷한 유형의 과제와 이번 과제를 꼼꼼히 비교해보도록 지도하는 것이다. 비슷한 점과 차이점을 찾고 예전에 했던 과제에 시간이 얼마나 걸렸는지를 생각해보게 하면, 학생 스스로 시간을 더욱 효율적으로 계획하도록 이끌 수 있다.

이 연구를 진행한 연구자들은 "사람은 과거의 실수를 충분히 돌아볼 수 있는데도 똑같은 실수를 되풀이한다."라고 경고한다. 교사와 부모들은 아이들이 과거의 실수를 통해 배우도록 돕는 중요한 역할을 할 수 있다. 이와 관련해 연구자들은 이렇게 설명한다. "예전에 과제를 끝내는 데 시간이 얼마나 걸렸는지를 곰곰이 생각해보면 더 정확하고 현실적인 추정치를 낼 수 있다. 다만 예측능력을 향상시키려면 학생들의 기억이 정확해야 하며, 지금 하는 과제가 예전에 했던 과제와 어느 정도 비슷해야 한다." 교사와 부모들은 아이들이 그와 같은 시각에서 바라보고 실천하도록 도움을 주기에 좋은 위치에 있다.

04

복습은 언제, 얼마나
해야 하는 걸까?

 흥미로운 실험

연구자들은 시간 간격을 얼마나 두고 복습하는 것이 가장 효과적인지 알아보는 실험을 다음과 같이 고안했다. 먼저 학생 1,354명에게 헷갈리는 일반상식 32가지를 알려주었다. 이를테면 '스노우골프(snow golf)를 발명한 사람은 누구인가?' '제일 매운 멕시코음식을 가장 많이 먹는 유럽 국가는 어디일까?' 같은 것이었다. 실험에 참가한 학생을 26개 집단으로 나누어 각기 다른 시간 간격을 두고 복습을 시키고, 또 서로 다른 시간 간격을 두고 시험을 치르게 했다. 그런 다음, 시험에서 정답을 맞힌 학생들이 몇 명인지 확인했다. 이렇게 해서 복습에 가장 효과적인 시간 간격이 어느 정도인지 알아보았다.

📈 밝혀진 사실!

1   일정 간격을 두고 반복해서 공부하는 것이 벼락치기 공부보다 효과적이다.

2   동일한 내용을 다시 배울 때까지 시간 간격을 얼마나 두는 것이 좋은가는 학습내용을 얼마나 오랫동안 기억하고자 하는가에 따라 달라진다.

3   시험 때까지 남은 기간이 길수록 복습 간격도 길어져야 한다.

연구자들이 제시한 모범 가이드라인

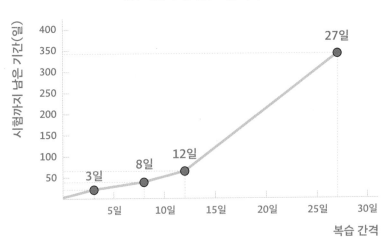

'시간 간격을 둔 반복연습(spacing)'의 효과는 밝혀진 지가 가장 오래되었고, 지금까지도 그대로 받아들여지는 인지심리학 연구결과 중 하나이다. 이 사실은 1885년에 독일의 심리학자 헤르만 에빙하우스(Hermann Ebbinghaus)가 '사람들은 많은 정보를 한 번만 배우면 쉽게 망각하는 경향이 있다'는 사실을 밝혀내면서 세상에 처음 알려졌다. 이후 이것의 강력한 효과(학습과학 66)에 관한 연구가 꾸준히 진행됐다. **시간 간격을 두고 반복연습을 하면 배우고 나서 잊어버렸다가 다시 배울 수 있어 상당히 효과적이다. 잊어버리고 외우기를 반복하는 과정에서 배운 내용이 장기기억으로 굳어지기 때문이다.**

어떤 연구에서는 간격을 두고 반복연습을 했을 때 벼락치기로 공부했을 때보다 기말시험 점수가 10-30퍼센트 더 좋아졌음이 밝혀졌다. 이 결과는 핵심용어 익히기나 무작위적 암기, 복잡한 수학문제 풀기 등 다양한 과제에 두루 적용됐다.

반복연습에 적절한 시간 간격이 어느 정도인지는 여러 연구에서 각기 다른 값을 제시했듯이, 이 연구에서도 적정 학습 간격을 제안한다. 연구자들은 이렇게 설명한다. "반복연습을 하기에 가장 효과적인 시간 간격을 알고 싶다면, 우선 배운 내용을 얼마나 오랫동안 기억해 두려고 하는지부터 결정해야 한다." 경험치에 따른 대략적인 추산으로는, 어떤 정보를 망각하는(머릿속에서 완전히 지워지는) 순간에 가까워질수록 그 정보를 재입력하는 활동이 이득이 될 가능성이 더 크다.

🏛 실제 활용하기

요즘에는 많은 정보를 기억하고 회상하는 능력이 전보다 더 중요해졌다. **교사와 부모들은 교과내용을 주기적으로 반복해서 익히게 함으로써 아이들의 장기기억 향상에 도움을 줄 수 있다.** 배우들이 공연 전날에만 리허설을 하는 것이 아니고, 운동선수들도 경기 전날에만 훈련을 하는 것이 아니듯, 학생들도 배운 내용을 주기적으로 복습해야 한다.

이 연구의 저자들은 "간격을 두고 반복연습을 하는 행위는 대개 학교의 일반적인 수업 진행에는 부합되지 않는다. 수업에서는 일반적으로 하나의 주제를 한 학기 내 정해진 몇 주 동안에만 배운다."라고 언급한다. 그러나 무언가를 기억에 새기려면 시간과 반복이 필요하다. 따라서 학생들은 복습계획을 세울 때 이 연구결과를 유념해야 한다. '무엇'을 공부하는지만이 아니라 '언제' 공부하는지도 중요하기 때문이다.

05

성장관점이 미치는 영향

 흥미로운 실험

연구자들은 9-12세 아동에게 여러 문제를 풀게 한 뒤, 채점 결과 그들이 전체 문제의 80퍼센트나 정답을 맞혔다고 알려주었다. 점수를 알려주면서 한 집단에게는 머리가 좋다고 칭찬하고, 또 다른 집단에게는 아주 열심히 노력했다고 칭찬했다. 연구자들은 서로 다른 두 집단이 그 후 과제를 수행하면서 어떤 기분을 느끼고, 어떻게 생각하고 행동하는지를 조사했다.

📈 밝혀진 사실!

1 지능을 칭찬받은 집단은, 그 뒤로 남들에게 더 똑똑해 보일 수 있을 것 같은 과제를 선택하는 경향을 보였다. 반면에, 노력을 칭찬받은 집단은 새로운 것을 배우는 데 도움이 되는 과제를 주로 선택했다.

2 지능을 칭찬받은 집단은 노력을 칭찬받은 집단보다 과제를 덜 즐겼다.

3 지능을 칭찬받은 집단은 노력을 칭찬받은 집단보다 과제를 끈기 있게 지속하는 경향이 낮았다.

4 지능을 칭찬받은 집단은 이후의 과제에서 더 나쁜 성과를 냈다. 반면 노력을 칭찬받은 집단은 전보다 좋은 성과를 냈다.

5 **86%** 지능을 칭찬받은 집단의 86퍼센트는 같은 과제에서 다른 친구들은 몇 점을 받았는지 궁금해했다. 노력을 칭찬받은 집단은 단 23 퍼센트만이 다른 친구들의 성적에 관심을 보일 뿐, 대다수는 자신이 분발해야 할 점에 대한 피드백을 요청했다.

6 **38%** 지능을 칭찬받은 집단의 38퍼센트는 과제에 있는 문제 중 몇 개를 풀었는지를 거짓으로 말했다. 하지만 노력을 칭찬받은 집단은 거짓으로 말한 경우가 13퍼센트에 불과했다.

🔍 관련 연구

이 연구가 나온 뒤, 다른 많은 연구자가 성장관점(growth mindset)의 영향을 연구했다. 물론 모든 연구는 아니지만 상당수 연구에서 성장관점이 성적과 밀접한 관계가 있음이 확인됐다. 이런 경향은 과거에 공부를 힘들어했던 경험이 있는 학생들에게서 특히 두드러졌다. **몇몇 연구는 성장관점이 시험성적 향상 외에도 많은 이점을 가져다준다고 보고했다. 이를테면 변화에 더 잘 대처하고(학습과학 68), 자기제어를 더 잘하고, 투지가 있고, 긍정적인 사회적 행동을 보이는 것 등이다.**

성장관점과 관련이 있는 흥미로운 연구주제 중에는 성장관점이 정신건강에 미치는 효과를 다룬 것도 있다. **성장관점을 가진 사람은 공격성이 덜하며, 자부심이 높고, 우울이나 불안 증세가 덜하다는 사실이 연구를 통해 확인됐다.**

🏛 실제 활용하기

이 연구는 피드백을 전달하는 방식이 얼마나 복잡 미묘하고 중요한지를 여실히 보여준다. 칭찬이 지나치면 자아도취적인 행동이 늘고 기대치가 낮아지는 역효과가 나타난다. **"참 똑똑하구나" 혹은 "대단한 재능을 타고난 게 분명해"와 같은 칭찬을 할 경우, 아이들은 앞으로 더 잘하기 위해 어떻게 행동해야 하는지 전혀 알 수 없다. 하지만 아이가 활용했던 전략이나 노력을 칭찬하면, 아이는 다음에 해야 할 행동의 본보기를 알 수 있다.**

이 연구를 진행한 컬럼비아대학교와 스탠퍼드대학교의 연구자들은 "'좋은 성적은 뛰어난 능력의 증거'라면서 지능을 칭찬하게 되면 이러한 칭찬을 받은 아이들은 성적이 떨어졌을 때 부정적으로 반응할 가능성이 높았다. 반면에 노력을 칭찬받은 아이들은 결과보다는 배움에 가치를 뒀으며, 이따금 기대보다 성적이 안 나오더라도 심리적인 동요가 크지 않은 편이었다."라고 설명한다. 이 연구는 '재능 있고 뛰어난' 학생이라고 칭찬하는 것이 과연 아이들에게 득이 되는지 돌아보게 한다. 이런 칭찬은 결국 성공의 원동력은 타고난 재능이지, 그 재능을 어떻게 활용하느냐(학습과학 10)가 아니라는 메시지를 은연중에 전달하게 된다. 흥미롭게도 이런 칭찬은 똑똑하다는 평판을 계속 받기 위해 아이들이 속임수를 쓰거나 부정행위를 할 가능성을 높이기도 한다(학습과학 57).

성장관점이라는 개념을 성급히 받아들이다 보니 때로는 이 연구가 전하는 본질적인 의미가 '노력이 전부다'라는 식으로 희석되거나 '누구나 못할 게 없다'라는 뜻으로 변질되기도 한다. 하지만 이 2가지 진술 모두 부정확하며 부적절하다. **성장관점이란 배움과 성장의 가능성에 대한 믿음을 의미한다.**

06

계획한 대로
되지 않는 이유

 흥미로운 실험

코넬대학교에서는 매년 봄 학생들에게 수선화를 판매하는 모금행사가 나흘 동안 열린다. 수익금 전액은 미국암협회(American Cancer Society, ACS)에 기부된다. 판매대가 곳곳에 설치되기 때문에 학생들이 마음만 먹으면 수선화를 쉽게 구입할 수 있으며, 가격도 그리 비싸지 않다. 수익금이 좋은 목적에 쓰인다는 사실도 모든 학생이 잘 알고 있다. 연구자들은 수선화를 팔기 한 달 전에 학생 251명에게 수선화를 구입할 계획인지, 만일 구입한다면 몇 송이를 구입할 것인지 물었다. 그리고 수선화 판매행사가 끝나고 사흘 뒤에 같은 학생들에게 실제로 수선화를 몇 송이 구입했는지 확인했다.

📈 밝혀진 사실!

수선화 판매행사 전에는 학생들의 83퍼센트가 수선화를 사겠다고 대답했다. 이들은 평균 두 송이를 구입하겠다고 말했다. 흥미롭게도 이 학생들은 다른 친구들보다 자신이 수선화를 살 가능성이 더 클 것이라고 답했다. 수선화 판매행사가 끝나고 연구자들이 그 학생들을 다시 조사했을 때, 단 43퍼센트만이 실제로 수선화를 구입했다. 구입한 양도 예상보다 적은 평균 1.2송이였다.

우리는 왜 미래의 행동을 제대로 예측하지 못하는 걸까?

아마도 미래에 일어날 일을 예측할 때, 자신 혹은 앞으로의 상황을 긍정적으로 보는 경향이 크기 때문일 것이다. 우리는 대개 극복해야 할 난관이나 노력이 필요한 부분을 정확히 고려하지 못한다. 이와 같은 사실로 미루어 볼 때, 아무리 학생에게 공부하겠다는 좋은 의도가 있더라도, 이런 좋은 의도가 늘 실제 행동으로 옮겨지지는 못할 수 있음을 짐작할 수 있다.

🔍 관련 연구

사람들이 자신의 미래 행동을 예측하는 데 서툴다는 사실은 다른 여러 연구에서 재확인됐다. 미래의 행동을 더 정확하게 예측하려면 집단 평균을 이용하는 것이 좋다. 이런 방식은 '집단의 지혜'라고 불린다. 집단을 조사해서 평균을 내는 방법은 개별 편향성을 줄이고 극단적인 이상치(outlier)를 걸러내는 데 도움이 된다.

좋은 의도가 실제 행동으로 이어지도록 하려면 행동 변화를 이끌 생산적인 환경을 조성하는 것이 중요하다. 주의를 흐트러뜨려 할 일을 미루게 하는 잠재요인을 최소화하고, 자율성을 높이며, 과제나 할 일을 더 재밌게 만들어서 내적 동기를 유발하고, 과제를 충실히 익히게 하고, 목적의식을 함양하는 등의 토대가 마련되어야 한다. 이 모든 것이 긍정적인 변화를 유도하는 데 도움이 된다고 알려진 방법이다.

🏛 실제 활용하기

학생들이 자신이 앞으로 할 행동을 제대로 예측하지 못한다면 학교와 가정에서 어떤 식으로 도울 수 있을까? 특히 독립적인 학습이 중요해지는 고학년으로 올라갈수록 아이들은 자신이 하게 될 행동을 더욱 정확하게 예측해야 한다. 교사와 부모들은 아이의 미래 계획을 들을 때 약간의 의심을 품고 들어야 한다. 그러면서도 설령 아이들의 예측이 빗나가더라도 의도적으로 거짓말을 한 것은 아님을 잊지 말아야 한다. 실제로 앞의 연구에서, 설문에 응한 학생들은 자신이 수선화를 여러 송이 살 것이라고 진심으로 믿었다.

아이들의 자율적인 결정과 행동을 존중하면서도 잠재적인 난관을 인지하고 그에 대처하는 방안을 미리 계획하는 것이 문제해결의 열쇠이다. 일이 잘못될 경우를 가정해보는 것은, 대처 방안에 관한 생산적인 논의가 뒷받침되기만 한다면 나쁘지 않다. **'만일 이렇게 되면 이렇게 행동하겠다.'라고 미리 계획하는 것은 얼핏 보기에는 대단치 않아 보일지 모르지만, 좋은 의도를 실제 행동으로 옮기는 데 도움이 되는 아주 효과적인 전략이다.**

07

고정관점과
성장관점의 차이

 흥미로운 실험

연구자들은 교사의 사고관점(mindset)이 학생들에게 미치는 영향을 조사하기 위해 일련의 연구를 진행했다. 어떤 학생이 수학시험에서 낮은 점수(65점)를 받았다고 가정했을 때, 그 학생의 실력을 어떻게 평가할 것인지, 그리고 그 학생을 어떻게 대할 것인지를 교사들에게 물었다. 이들의 응답을 토대로 시나리오를 만든 다음 연구자들은 학생들에게 선생님이 이렇게 반응한다면 기분이 어떨 것 같은지 물었다.

📈 밝혀진 사실!

1 고정관점(fixed mindset)을 갖고 있는 교사들은 학생의 수학 실력이 부족해서 시험점수가 낮다고 생각할 가능성이 성장관점을 갖고 있는 교사들보다 3분의 1 이상 컸다.

2 고정관점을 갖고 있는 교사들은 학생을 위로하는 데 중점을 둔 접근법으로 마음을 편하게 해주려는 말(예를 들면 "너무 상심하지 마. 모든 사람이 다 수학을 잘할 수 있는 건 아니야")을 건넬 가능성이 컸다.

괜찮아!
다들 그래.

3 성장관점(growth mindset)을 갖고 있는 교사들은 전략에 중점을 둔 접근법을 활용할 가능성이 컸다. 가령, 학생의 실력 향상에 도움이 되는 구체적인 방법을 적용해보거나 수업시간에 그 학생에게 질문함으로써 연습기회를 제공했다.

방법을
같이 찾아보자

4 위로하는 말을 들은 학생들은 선생님이 자신의 실력을 낮게 평가한다는 생각이 들어 더욱 의기소침해졌다. 학습의욕이 저하됐으며, 다음 시험에서도 자기는 65점밖에 받지 못할 것이라고 생각했다.

5 전략에 중점을 둔 말을 들은 학생들은 학습의욕이 높아졌으며, 다음 시험에서는 선생님이 알려준 방법을 활용해서 80점 정도는 받을 수 있으리라 예측했다.

🔍 관련 연구

의외로 어른의 사고관점이 학생에게 미치는 영향에 관한 연구는 많지 않다. 영국에서 진행된 어느 실험 결과는 교사들에게 성장관점을 가르쳤을 때 학생들의 성적에 별다른 영향이 나타나지 않는 것으로 나왔다. 반면 최근에 발표된 미국의 어느 연구 결과에서는 긍정적인 영향이 확인됐다.

또 다른 연구(학습과학 16)는 부모의 사고관점이 성장관점인지 고정관점인지가 자녀의 성적에 거의 영향을 미치지 않는다고 밝혔다. 이 연구에서는 **부모의 사고관점보다는 실패와 좌절을 대하는 부모의 태도가 더 중요한 것으로 드러났다.** 이는 타인의 사고방식은 알아채기가 쉽지 않으며 타인의 믿음을 정확하게 가늠하는 것도 어렵지만, 행동은 그보다 훨씬 쉽게 알아챌 수 있기 때문일 것이다.

이와 동일한 논리가 학교의 교사들에게도 적용된다고 유추할 수 있다. 학생들은 교사의 사고관점을 정확하게 알지 못하지만, 행동은 비교적 정확히 알아챌 수 있다. 한 학년 동안의 변화무쌍한 상황 속에서 학생들의 성취도 역시 상승과 하락을 거듭할 텐데, **성적이 떨어질 때 교사가 어떻게 반응하는가가 학생들의 학습동기와 자의식에 큰 영향을 미칠 것이다.** 교사가 성장관점을 갖는 것도 중요하지만 그것만으로는 불충분하다. **진정으로 중요한 것은 태도와 행동이다.**

🏛 실제 활용하기

모든 학생이 성장할 수 있다는 높은 기대를 갖는 것은 좋은 가르침의 기본이다. 그런데 아무리 좋은 의도라 해도 학생을 위로하겠다며 "모든 사람이 다 수학을 잘하는 건 아니야."와 같은 말을 건넨다면 이는 도움이 되기보다는 해를 끼치고 학생에게 상처를 준다. 이런 말은 그 학생에 대한 기대치가 낮으며, 수학성적을 올리기 힘들 것이라는 메시지를 은연중에 전달한다. 바로 이것이 교사의 의도와 학생의 해석이 다른 전형적인 예이다.

교사의 사고관점은 수업에도 그대로 묻어나 학생이 자기 자신을 바라보는 관점에 영향을 미친다. 이를 긍정적으로 활용하기 위해 교사들이 알아두면 좋을 지침이 있다. 전략적인 접근에 초점을 맞추고 한 단계씩 차근차근 도와주는 것이다. 예전에 이해하지 못한 것을 완벽히 깨우쳤을 때만큼 기분이 좋아지는 경험은 없다. 전략중심 접근이 위로에 초점을 둔 접근보다 단기적으로는 힘들지 모르지만 장기적으로는 충분한 효과가 있다.

08

십대, 사회적
거부에 대한 두려움

 흥미로운 실험

아이들은 학교에 다니며 배우고 공부하는 가운데 청소년기라는 힘든 시기를 보낸다. 연구자들은 십대 청소년들이 성인보다 사회적 거부 (social rejection)에 면역력이 약한지를 알아보기 위해 2010년에 대단히 흥미로운 연구를 진행했다. 실험은 다음과 같이 진행됐다.

십대 초반, 십대 중후반, 성인에게 각각 비디오게임을 하게 했다. 게임은 공을 주고받는 놀이(캐치볼)다. 피험자들은 가상의 온라인 공간에 있는 3명의 플레이어 중 1명을 선택해서 조종했다. 피험자들에게는 알리지 않았지만 사실 나머지 2명의 플레이어는 정해진 프로그램대로 움직이는 로봇이었다. 이 실험에서는 처음에 로봇이 조종하는 플레이어 2명이 공을 주고받다가 피험자가 조종하는 플레이어에게 공을 던지면서 함께 캐치볼 게임을 한다. 그러다가 어느 순간 로봇들은 피험자를 빼놓고 자기들끼리만 공을 주고받는다. 연구자들은 그 과정에서 피험자가 어떻게 생각하고 느꼈는지를 조사했다.

📈 밝혀진 사실!

연구 결과 모든 피험자가 사회적으로 거부당하는 이런 상황을 겪고 기분이 상했다. 그런데 또래에게 따돌림 당하는 경험은 특히 다음과 같은 영향을 미친다는 사실이 확인됐다.

1   **청소년은(십대 초반과 십대 중후반 모두) 성인보다 기분이 훨씬 많이 나빠졌다.**

2   청소년의 경우 성인보다 기분이 더 큰 폭으로 급격히 나빠졌다.

3   **십대 초반의 학생들은 불안감의 상승 폭이 가장 컸다.**

4   십대 후반의 학생들은 전반적으로 성인들보다 자존감이 낮았다.

런던대학교와 퍼듀대학교 소속인 위 연구자들은 이를 통해 **"십대들이 거부에 극도로 민감하다**는 사실이 확인됐다."면서, 이런 결과는 **"사회적 불안감이 15세에 최고조에 이른다**는 과거의 연구결과들과 맥을 같이하는 것"이라고 설명했다. 한 연구에서는 **십대시절에 자부심이 크게 떨어진다는 사실이 밝혀지기도 했는데, 이런 경향은 십대 여학생들에게서 특히 두드러진다.**

최근 십대의 뇌에 관해 전에 없이 많은 사실이 밝혀졌다. 십대의 뇌는 성인의 뇌와는 구조와 기능 방식이 다르다. 십대는 위험을 감수하는 시도를 더 많이 하고, 잠을 더 많이 잘 필요가 있으며, 감정을 읽고 자신을 통제하는 데 성인보다 서툴다는 사실도 밝혀졌다. 모든 사람이 또래집단을 따라야 한다는 압력을 흔히 느끼지만(학습과학 73), 십대는 집단의 영향을 받기가 더 쉬우며, 친구와 함께 있을 때 좋지 못한 결정을 내릴 가능성이 어른의 경우보다 더 크다.

🏛 실제 활용하기

학창시절처럼 수많은 또래집단에 둘러싸여 지내는 시기는 인생에 또 없다. 십대 청소년이 어른보다 사회적 거부에 훨씬 더 민감하다면, 학교에서 보내는 청소년기는 아슬아슬한 줄타기를 하듯 상당히 힘든 경험이 될 수도 있다. 또래와의 관계로 인한 스트레스가 가중되면 학습, 집중, 기억에 지장을 준다. 이 말은 학교 운동장(그리고 방과후 온라인 소셜미디어)에서 일어나는 일이 교실에서의 수업활동에 영향을 미칠 수 있다는 뜻이다. 그러므로 **불안과 좌절에 효과적으로 대처할 수 있는 전략을 가르칠 필요가 있다. 여기에는 자기대화(학습과학 53), 심호흡, 초점과 맥락의 재설정 등이 포함된다.**

이 연구에서 십대 청소년과 어른이 어떤 식으로 다른 반응을 나타냈는지도 흥미로운 관찰 지점이다. 두 사람이 같은 일에 완전히 다르게 반응할 수 있음을 보여주기 때문이다. 물론 십대가 사회적으로 거부당하는 경험에 지나치게 예민하게 반응한다는 뜻은 아니다. 청소년기에는 사회적인 입지가 더욱 중요한 영향을 미친다. 이런 상황에서는 교사와 학부모가 아이들을 **공감해주는 것과 힘든 경험을 더 넓은 관점에서 바라볼 수 있도록 지도하는 것 사이에서 균형을 잡는 것이 대단히 중요하다.**

09

기대가 높으면
더 잘할까?

 흥미로운 실험

실험은 다음과 같이 진행되었다. 연구자들은 교사들에게 몇몇 학생이 발전 가능성이 높은 것으로 판명됐으며, 그 학생들은 그해 동안 성취도가 크게 향상될 것이라는 거짓정보를 주었다. 지목된 학생들은 사실 무작위로 선정된 학생들이었다. 해당 학년을 마친 뒤에 이 학생들에게 어떤 결과가 나타났는지를 확인한 후 연구자들은 아래와 같은 결과를 발표했다.

📈 밝혀진 사실!

1 선정된 학생들은 통제집단보다 그해 성적이 더 많이 향상됐다. 연구자들은 그 이유를, 교사들이 이 학생들에게 높은 기대를 품고 그에 맞춰 자신의 행동을 수정했기 때문으로 봤다.

2 더 큰 기대를 품는 데 따른 긍정적인 결과는 학생들이 어릴수록 더 확연했다. 7-8세 학생들의 경우 또래 통제집단보다 언어영역의 IQ 점수가 평균 10점이나 더 상승했다.

3 학생들의 기존 성적이나 실력은 교사의 높은 기대로 얻는 효과의 높고 낮음에는 영향을 미치지 않았다. 즉 실력이 낮은 학생들과 높은 학생들 모두 똑같이 향상이 있었다.

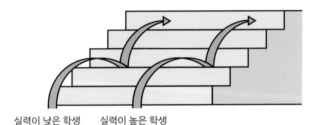

실력이 낮은 학생   실력이 높은 학생

4   남학생들은 언어영역에서, 여학생들은 추론영역에서 IQ점수의
    뚜렷한 상승효과가 관찰됐다.

🔍 관련 연구

그리스 신화에는 자신이 만든 조각상과 사랑에 빠진 피그말리온(Pyg-
malion)의 이야기가 나온다. 피그말리온은 자신의 조각상을 몹시 사
랑했다. 이에 감복한 사랑의 여신 아프로디테(Aphrodite)가 그 조각
상에 생명을 불어넣어준다. 여기서 유래한 '**피그말리온 효과(Pygma-
lion effect)'는 다른 누군가의 높은 기대에 부응해 높은 성취를 달성
하는 현상**을 설명하는 용어다.

　　피그말리온 효과의 반대인 '골렘 효과(Golem effect)'라는 용어
도 있다. 이는 **다른 사람의 기대가 낮아서 실패한 것이라고 핑계 대는
자기불구화(self-handicapping) 행동이나 자기충족적인 예언을 낳
는 현상**을 뜻한다. 아이를 신뢰하지 않는 교사나 부모 때문에 아이가
실패하게 된다는 것이다.

　　포부와 기대를 구분하는 것도 중요하다. 포부는 더 잘하고 싶은
바람이며, 기대는 성공할 가능성에 대한 믿음을 뜻한다. 영국의 학생
들을 대상으로 한 어떤 연구에서는(학습과학 02), 포부는 크지만 기
대가 낮은 학생들은 영국의 중등교육자격시험(General Certificate
of Secondary Education, GCSE)에서 C등급 이상의 과목이 5개도
안 될 확률이 두 배나 더 높았다. 이런 격차가 발생하는 이유는 커다
란 포부와 그것을 달성하는 데 필요한 일상적인 행동과 습과 사이이
차이 때문이다.

🏛 실제 활용하기

기대가 낮은데 높은 성과가 나올 수는 없다. 그렇다면 **모든 아이에게 높은 기대를 품고, 그 기대를 달성하는 데 필요한 지원을 제공하는 것이 아이들의 성취도를 높이는 데 핵심**일 것이다. 이 연구의 저자들은 "교사와 부모가 아이들에 대해 지적으로 더 큰 발전을 보일 것이라고 기대할 때, 아이들은 실제로 더 큰 지적 발전을 보였다."라고 설명한다.

그렇다면 아이들에 대한 높은 기대를 어떻게 분명하게 드러낼 수 있을까? 다음과 같은 전략을 활용할 수 있다.

1) 모든 아이가 나름의 기여를 할 것으로 기대하기
2) 아이들이 충분히 달성할 수 있는 수준으로 기대치를 낮추지 않고 항상 높은 성취기준을 갖고서 다양한 방식으로 지원하기
3) 시간을 내서 아이들에 대한 높은 기대를 말로 표현하고, "기대한다, 믿는다, 목표 달성을 위해 함께 열심히 노력해보자."라고 말해주기

이렇게 하면 아이들 자신의 성취기준은 물론 자신감을 계속 높이는 데 도움이 될 것이다.

10

IQ가 높으면 성공할까?

 흥미로운 실험

지능지수(Intelligence Quotient, IQ)는 학업성취에 얼마나 큰 영향을 미칠까? 성공을 좌우하는 것은 유전자일까? 학생들 중에서 누가 계속해서 성공할 것인지 정확히 예측할 수 있을까?

　루이스 터먼(Lewis Terman) 박사는 영재들에 관한 최대 규모의 종적 연구(longitudinal studies)를 주도했다. 1920년대에 스탠퍼드대학교 교수로 있던 그는 처음에는 IQ가 성공을 결정하는 요인이라고 믿었다. 그래서 영재들의 학교 성적과 성인이 된 이후의 성공을 추적관찰했다. (이 연구는 지금도 계속 진행되고 있다) 그의 연구 대상자였던 아이들은 터먼 박사의 이름을 따서 흰개미들이라는 뜻의 '터마이츠(termites)'라는 친근한 이름으로 널리 불렸다. 터먼 박사는 '터마이츠'들의 IQ가 천재에 버금갈 정도라서 그 시대를 대표하는 지도자들이 될 것이라고 예상했다. 관련 데이터는 약 5년을 주기로 갱신됐다. 이 연구 덕분에 IQ가 얼마나 중요한지, 그리고 성적 이외의 다른 어떤 요인이 학업과 인생의 성공을 결정하는지가 상당히 많이 밝혀졌다.

📈 밝혀진 사실!

예상했던 대로 터마이츠 학생들은 학교 성적이 뛰어났다. 그런데 이 연구에서 가장 흥미로운 부분은 이 학생들에 관한 후속연구의 결과이다.

25년 뒤 터먼 박사는 터마이츠들이 어떤 직업에 종사하는지 조사해서 분석했다. 의사, 변호사, 대학교수가 된 사람도 있었지만, 말단 사무직, 경찰, 어부가 된 사람도 있었다. 직업의 분포가 이처럼 다양하게 나타나는 데 놀란 터먼 박사가 "지능과 성취의 상호 관련성은 결코 완벽하지 않다."고 말했다는 사실은 널리 알려져 있다.

연구를 시작하고서 35년이 지났을 때, 터먼 박사는 가장 성공한 실험 참가자들(A등급으로 분류된 사람들) 100명과 가장 힘겹게 살아가는 사람들(C등급으로 분류된 사람들) 40명을 비교했다. 당시 참가자들의 나이는 40세였다. 분석 결과는 다음과 같았다.

1 A등급은 C등급보다 IQ가 높았지만(A등급은 157, C등급은 150), 이러한 차이는 그다지 중요한 요인이 아니라는 결론에 도달했다. 높은 수준의 IQ에서 나타나는 약간의 격차는 실제 삶에 거의 영향을 미치지 않기 때문이다.

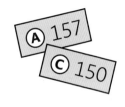

2 **두 집단 사이의 가장 큰 차이는 성격적 특성이었다.** 어린 나이부터 A등급의 참가자들은 "의지력, 인내, 더 잘하려는 욕구"가 훨씬 컸고, C등급의 참가자들은 결단과 인내가 부족한 특성을 보였다.

🔍 관련 연구

'터마이츠 연구'를 통해 IQ라는 요소의 예측력에 관한 놀라운 사실을 엿볼 수 있었다. 다른 연구들에서도 IQ에 유전적 요인이 많이 기여하며, IQ는 학업성취, 창의성, 행복, 장래 소득, 심지어 수명에까지 영향을 미친다는 사실이 거듭 확인되었다. IQ는 분명 우리 삶에 중요한 역할을 한다.

사고관점(mindset), 회복탄력성(resilience), 감성지능(emotional intelligence), 끈질긴 근성(grit)이 성공에 중요하다는 사실을 증명한 연구도 있다(학습과학 14). 이는 학생들이 변화에 얼마나 잘 대처하는지, 좌절을 겪고도 얼마나 잘 회복하는지, 피드백을 어떻게 처리하는지와 관련 있는 것으로 드러났다. 연구자들은 이것이 유전과 같은 선천적 요인 혹은 양육과 같은 후천적 요인 중 하나가 아니라 2가지 요인 모두 작용한 결과라는 사실을 밝혀냈다. 우리에게 중요한 질문은 "어떤 요인이 가장 큰 영향을 미치는가?"가 아니라 "어른들의 도움으로 개선할 수 있는 영역은 무엇인가?" **"우리가 어떻게 해야 아이들을 가장 잘 도울 수 있을까?"**이다. 이에 관한 연구는 아직 진행 중인데, 확실한 답을 찾기는 불가능해 보인다.

🏛 실제 활용하기

이 연구와 그 밖의 연구(학습과학 22)는 '누가 성공할 것인지에 관한 우리의 예측이 과연 얼마나 정확한가? 공부를 더 잘하는 데 필요한 기술을 어떻게 해야 가장 잘 키워줄 수 있을까?'라는 흥미로운 질문을 제기한다. 일부 연구는 초등학교 때의 성적은 생일에 영향을 받는 경우가 많으며, 같은 학년 중에서 생일이 빠른 아이들이 훨씬 유리하다고 설명한다. 즉 어릴 때 똑똑하거나 재능이 있다고 평가받는 아이들은 그저 다른 아이들보다 먼저 태어난 덕을 보는 것일지 모른다는 해석이다.

사실 아이들의 성적과 장래의 성공을 예측하고 분석하는 데 상당한 시간이 필요하다는 점을 고려할 때, 이런 예측이 정말로 도움이 되는지 고민해볼 필요가 있다. 긍정적인 측면에서 이런 예측은 아이들의 발달과정을 꾸준히 관찰해서 그 아이들에게 필요한 수준의 지원을 확실히 제공하는 데 도움이 되기도 한다. 하지만 성적과 장래의 성공을 예측하는 데 드는 시간은 아이들의 실질적인 배움을 위해 쓸 수 있는 소중한 시간이기 때문에 그 기회비용을 고려할 필요도 있다.

11

부모가 어떻게 해야
도움이 될까?

 흥미로운 실험

학부모가 교사와 상담하면서 가장 많이 묻는 질문이 있다. "제가 어떻게 해야 아이에게 가장 도움이 될까요?"라는 질문이다. 연구자들은 부모의 행동과 태도가 아이의 성적에 미치는 영향을 알아보기 위해 기존에 발표된 연구 37편을 분석했다. 이 분석에는 학생들과 그 가족 8만명 이상의 데이터가 사용됐다.

📈 밝혀진 사실!

초등학생과 중학생의 학부모가 자녀의 성적향상을 위해 할 수 있는 최선의 행동은 다음 4가지인 것으로 확인됐다.

1 학업에 대한 높은 기대
아이의 성적에 가장 큰 영향을 미치는 요인은 아이에 대한 높은 포부와 기대이다. 부모의 기대에는 학교를 얼마나 중요하게 생각하는가, 교사를 어떻게 대하는가, 교육을 얼마나 가치 있게 여기는가 등이 포함된다.

2 꾸준한 대화
자녀와 학교생활에 관해 이야기를 나누고 지속적으로 소통하는 것이 중요하다. 이렇게 하면 잠재적인 문제의 싹을 뽑아 큰 문제로 번지지 않게 막을 수 있다.

3 좋은 독서습관
아이들과 함께 자주, 규칙적으로 책을 읽는다. 자녀에게 책을 읽어주거나 옆에서 함께 읽도록 권하는 활동이 좋다.

4   숙제 규칙

공부하는 시간과 노는 시간을 규칙을 정해 명확히 나눈다. 이런 규칙이 필요한 이유를 설명해주면, 스스로 공부해야 하는 고학년이 되었을 때 시간을 더욱 알차게 보낼 수 있다.

반면에 학교 행사에 부모가 참석하거나 숙제를 일일이 챙기고 검사하는 등의 행동은 성적에 별다른 영향을 미치지 않는 것으로 밝혀졌다.

🔍 관련 연구

많은 연구가 이를 뒷받침했으며, 특히 교육을 가치 있게 여기는 태도와 높은 기대가 중요하고, 이런 영향은 부모, 교사, 학생의 기대치가 높을 때 나타났다.

좋은 독서습관은 어휘, 철자, 수학 등 전반적인 성적향상과 관련이 있었다. 영국 국립문해력재단(National Literacy Trust)이 2016년에 발표한 보고서에서 십대 청소년의 40퍼센트만이 독서를 즐기며, 독서가 '근사한 활동'이라고 답한 학생은 24퍼센트뿐이라는 사실은 매우 우려스럽다.

이 연구는 숙제하는 시간에 관해 가정에서 명확한 규칙을 정해두는 것이 중요하다고 했는데, 이 역시 흥미롭다. 부모가 관여하지 않아도 스스로 숙제를 하는 학생들이 공부를 더 잘한다는 사실이(학습과학 67) 밝혀졌기 때문이다. 이런 결과는 학년이 높아질수록 숙제가 점점 복잡하고 힘들어지면 학생 스스로 책임지고 해나가는 자세가 중요해지기 때문으로 분석된다.

🏛 실제 활용하기

이 연구의 저자들은 이렇게 진술한다. "교육에 관심이 있는 사람이라면 누구든 어떤 변수가 학업성취도에 가장 큰 영향을 미치는지 궁금해할 것이다. 그런데 애석하게도, 교육정책을 결정하고 주도하는 사람들의 역량을 넘어선 요인, 즉 이들로서는 어찌해볼 도리가 없는 요인들이 가장 큰 영향을 미치는 것으로 보인다." 학교는 이런 중요한 요인에 얼마만큼이나 영향을 미칠 수 있을까? **부모의 행동과 태도는 어찌해볼 수 없을지라도, 최소한 부모의 행동과 태도에 영향을 주기 위해 노력할 수는 있을 것이다.**

부모교육은 중요하다. 아주 작은 표본집단(자녀와의 경험)을 통해서만 어떤 방법이 효과가 있는지를 파악하는 부모들은 제한된 지식에 갇혀 있다. 반면 학교와 교사에게는 학생의 교육적 성과에 관한 광범위하고, 다양하고, 심도 있는 경험적 토대가 있다. 따라서 학교는 이런 지식을 공유할 마땅한 책임과 역할이 있다. **학부모 상담, 학부모 워크숍, 가정통신문은 이런 정보를 전달하고 학부모들과 소통하는 데 아주 유용한 수단이다.**

12

회복탄력성,
다시 일어서는 힘

 흥미로운 실험

미국의 30대 대통령 캘빈 쿨리지는 이런 말을 남겼다. "이 세상에서 그어떤 것도 끈기를 대신할 수 없다. 재능은 끈기를 대신하지 못한다. 재능이 있어도 성공하지 못한 사람이 헤아릴 수 없이 많다. 천재적인 두뇌도 끈기를 대신할 수 없다. 천재가 그 능력을 보상받지 못한다는 사실은 속담처럼 쓰인다. 교육도 마찬가지다. 이 세상에는 많이 배운 부랑자가 넘쳐난다. 전능한 힘은 오로지 끈기와 의지에서 나온다." 회복탄력성(resilience)의 중요성을 강조하다 보니 표현이 다소 과장된 측면도 있다. 요즘에는 학생들에게 이런 성품을 키워주려는 욕구가 그 어느 때보다도 널리 퍼져있는 듯하다. 그런데 과연 회복탄력성은 배워서 익히고 계발할 수 있는 특성일까?

회복탄력성에 관한 연구는 심한 정신적 충격을 받은 어린아이들을 대상으로 다루어지기 시작했으며, 이후 스포츠와 비즈니스 분야에서 주로 연구됐고, 최근에는 교육 분야에서 활발히 진행 중이다. 지금 소개하는 연구에서는 학생들과의 면담을 통해 회복탄력성이 있는 학습자의 3가지 특성을 밝히고, 어떻게 하면 회복탄력성을 키우도록 도울 수 있는지 제시했다.

📈 밝혀진 사실!

회복탄력성이 있는 학생들에게서는 다음과 같은 3가지 특성이 관찰됐다.

1　균형 잡힌 사고

감정을 잘 다스리고, 스스로 결정하고 통제할 수 있는 일에 집중하고, 장·단기적 목표를 세울 줄 안다. 사고의 균형감을 유지하려면 자기성찰(self-reflection)이 중요하다. 자기성찰은 새롭거나 불편한 상황을 다루는 데 도움이 된다.

2　건강한 신체

꾸준히 건강을 유지하면 스트레스를 받거나 힘든 일을 겪어도 더 잘 대응할 수 있다. 운동이나 팀 스포츠 등은 건강을 유지하는 것뿐 아니라 사회적인 상호작용을 늘리는 데도 좋다. 다른 사람의 성공을 기꺼이 받아들이고, 긍정적으로 자기대화를 해나가면 정신건강을 개선하는 데 도움이 된다.

3　사회적 지지

사람들과 단절되어 있을수록 자신의 잘못된 선택을 곱씹는 경향이 더 높다. 친구, 가족, 교사와 좋은 관계를 유지하면 좌절을 겪더라도 덜 실망하고, 힘든 상황을 극복하는 방법에 관한 조언을 들을 수도 있다.

마지막으로 이 연구에서는 학생들에게 회복탄력성을 키워주는 환경을 만드는 데 교육기관이 어떤 도움이 될 수 있을까를 살폈다. 연구자들은 다음 4가지가 도움이 된다는 사실을 발견했다. 첫째, 안전한 환경에서 실패를 경험하는 것. 둘째, 그런 경험을 통해 배울 수 있게 하는 것. 셋째, 활용 가능한 전략과 이후의 행동에 초점을 맞춘 양질의 피드백. 넷째, 특별활동의 기회를 제공하는 것이다.

🔍 관련 연구

회복탄력성은 개인적으로 계발하고 환경적으로 촉진될 수 있는 품성이다(학습과학 62). **회복탄력성을 촉진하려면 도전적인 목표와 적절한 지원이 필요하다**(학습과학 39). **도전과제의 수준이 너무 높고 주변의 뒷받침도 불충분하면, 과도한 스트레스, 기력 소진, 고립을 초래한다. 반면에 지원은 넘칠 정도로 많지만 주어진 과제가 너무 쉬우면 현실 안주와 권태를 초래할 수 있다.**

회복탄력성을 키우는 데 도움이 된다고 알려진 다른 방법들로는 새로운 경험을 열린 마음으로 받아들이고, 낙관적인 태도를 취하고, 결정을 내리는 행동을 희생이 아니라 적극적인 선택으로 보고, 다른 사람과 자꾸 비교하지 말고 자신의 능력을 발전시키는 데 초점을 맞추는 것 등이 있다. 실패와 좌절을 배움의 기회로 삼고, 각자의 생각과 기분을 스스로 책임지는 것도 도움이 될 수 있다.

실패나 좌절이 늘 나쁜 것만은 아니라는 사실도 연구로 증명됐다(학습과학 74). 역경을 겪은 사람들은 온실 속의 화초처럼 자란 사람보다 스트레스가 있는 환경을 대부분 더 잘 헤쳐 나간다. 실패의 경험은 공감(empathy), 동기(motivation), 결단력(determination)을 높이는 효과가 있는 것으로도 알려져 있다.

🏛 실제 활용하기

이 연구의 저자들은 "실패는 배움의 핵심이다. 실패의 의미를 배움의 기회로 새롭게 개념화할 필요가 있다."고 지적한다. 실제로 많은 학생이 이렇게 느낀다.

실수 = 나쁘다 = 무슨 수를 써서라도 피해야 한다

누구든 언젠가는 실수와 실패를 경험하기 마련이라는 사실을 이해시키고, 그런 경험을 자산으로 이용할 수 있는 전략을 지도하면, 학생들의 회복탄력성을 키워갈 수 있을 것이다.

신체와 정신의 건강을 개선할 방법에 관해 이야기를 나누면, 아이들이 힘든 시기를 꿋꿋이 버텨낼 힘과 능력을 기르도록 도울 수 있다. 덧붙여 자기성찰과 적절한 목표설정 방법 같은 기술을 가르치는 것도 도움이 된다.

13

마시멜로 실험과
자제력 있는 아이

 흥미로운 실험

누군가가 마시멜로를 한 개 건네면서 곧바로 먹지 않고 15분 동안 기다리면 한 개를 더 주겠다고 한다. 당신은 그 제안에 따를 수 있겠는가? 연구자들은 1970년대 초에 3-5세 아동 92명에게 위 질문을 했다. 이 연구와 20년 뒤에 진행된 후속연구는 자제력에 관한 일반 사람들의 생각을 완전히 바꾸어놓았다.

교사들은 특히 이 연구내용을 잘 알아둘 필요가 있다. 우선 이 연구는 아주 간단해서 손쉽게 반복할 수 있으며, 실제로 많은 이들이 이 실험모델을 모방한 반복연구를 진행했다. 그리고 이 연구는 종적 연구여서 학생들의 변화과정을 여러 해에 걸쳐 추적 관찰할 수 있다. 마지막으로 이 연구는 심리학 분야에서 가장 유명한 연구 중 하나여서 대부분의 심리학, 교육학 교재에서 거의 빠짐없이 다루어진다.

📈 밝혀진 사실!

마시멜로를 곧바로 먹는 것과 기다렸다가 나중에 두 개를 받는 것을 선택해야 했을 때, 어떤 학생들은 좀처럼 인내심을 발휘하지 못하고 곧바로 마시멜로를 먹어버렸다. 반면 어떤 학생들은 만족을 미루고 참고 기다려서, 마시멜로를 하나 더 받았다. 충동을 더 잘 절제한 아이들은 다른 재밌는 생각을 떠올리거나 두 눈을 꼭 감거나 못 본 척 무시하는 등의 효과적인 전략을 활용해서 마시멜로를 먹고 싶은 유혹을 뿌리쳤다.

후속연구 결과, 어릴 때 마시멜로를 더 오래 참고 기다린 아이일수록 어른이 됐을 때 다음과 같은 성향이 나타날 가능성이 큰 것으로 밝혀졌다.

주의를 더
잘 기울인다

사회적으로
유능하다

학업성취도가
높다

언변이
뛰어나다

좌절이나 스트레스에
더 잘 대처한다

만족지연능력은 발달상의 최종 결과에서 개인적인 차이를 예측하는 것으로 보이고, 자제력은 장기적인 목표를 성공적으로 추구하는 데 꼭 필요한 자질로 보인다. 자제력과 공감능력은 남을 배려하고 서로 돕는 관계를 만들기 위해서도 꼭 필요하다.

이후의 후속연구에서는 즉각적인 만족을 택하는 아이들과 참고 기다리려는 의지가 더 강한 아이들의 차이가 어디에서 비롯되는지를 집중적으로 탐구했다. 뇌의 구조에 차이가 있다고 주장한 연구자들도 있었다. 즉 유혹에 약한 사람들은 충동 조절과 이성적인 의사결정을 담당하는 전전두엽(prefrontal lobe)의 활동이 둔하고, 충동적인 행동과 관련된 복측선조체(ventral striatum)가 더 활발하게 작용한다는 것이다.

또 다른 연구자들은 이러한 차이가 신뢰와 관계가 있을지 모른다고 생각했다. 실제로, 일정 시간 동안 기다리면 마시멜로를 하나 더 준다는 말을 아이들이 신뢰하지 못할 경우, 처음에 받은 마시멜로를 먹어버린 경우가 많았다는 사실이 연구로 밝혀지기도 했다(학습과학 31). 이 연구결과는 학생들이 학교나 교사, 부모를 신뢰하지 못하는 경우에 관한 흥미로운 시사점을 던진다.

마지막으로, 마시멜로 실험에서 참고 기다리는 데 '실패한' 아이들은 자제력이 부족하다기보다는 대단히 논리적으로 행동한 것이라고 분석한 연구자들도 있다. 자원이 지극히 제한된 환경에서 성장한 사람은 미래에 다시 보상받을 기회가 흔치 않으므로 즉각적인 보상을 수락하는 것이 타당한 결정일 수 있다는 것이다. 아주 최근에 발표된 어떤 연구는 이 주장을 뒷받침하면서, **미래의 성과를 예측하는 데는 아이의 성장 배경과 환경이 마시멜로 실험의 만족지연능력보다 더 유효하다고 주장했다.**

🏛 실제 활용하기

학교는 어쩌면 일종의 거대한 마시멜로 실험실이 아닐까? 휴대전화를 비롯해 학생들의 집중을 방해하는 요인들이 갈수록 증가하는 가운데, 자제력과 만족지연능력은 대단히 중요한 자질로 자리잡았다. 그러고 보면 런던정경대학교의 최근 연구에서 휴대전화 사용을 금지한 학교의 시험성적이 올랐다는 결과가 당연하게 느껴지기도 한다(학습과학 49).

성숙(maturity)이라는 단어의 의미는 무엇을 생각하는 시점과 그것을 행동으로 옮기는 시점 간의 시간 차가 증가하는 과정으로 볼 수 있다(신중을 기하거나 숙고를 위해—옮긴이). 십대 청소년기의 뇌는 충동을 조절하지 못하고 감각적인 면을 추구하는 쪽으로 발전하는 경향이 크다. 이 아이들을 어떻게 지도할 것인지가 부모와 교사에게는 큰 과제다. **주변의 유혹을 떨칠 뿐 아니라 자기조절과 만족지연능력을 키울 수 있는 방법을 아이들과 함께 논의하고, 그런 결심과 행동이 필요한 이유에 대해 허심탄회하게 대화하는 것이 좋은 출발점일 수 있다.**

14

목적의식은 성과에
어떤 영향을 미칠까?

 흥미로운 실험

이 실험은 학생들에게 성장관점과 목적의식(지금 이 일이 어째서 중요한가)을 가르치면 어떤 결과가 나타나는지를 조사했고, 이런 지도가 어떤 영향을 미치며 그 영향을 널리 퍼뜨릴 수 있는지, 또 어떤 유형의 지도가 이뤄질 때 가장 효과적인지를 알아보았다.

실험은 13개 고등학교의 학생 1,594명을 대상으로 했고, 학생들은 통제집단, 성장관점을 배우는 집단, 목적의식을 배우는 집단, 성장관점과 목적의식 2가지 모두를 배우는 집단 중 한 곳에 배치됐다.

강의는 온라인으로 짧게 진행됐다. 성장관점을 가르치는 수업에는 45분짜리 온라인 강의가 활용됐으며, 학생들은 뇌의 발달과정, 공부와 연습을 통해 머리가 더 좋아질 가능성에 관한 강의를 들은 뒤 다른 학생에게 강의내용을 요약한 편지를 썼다. 목적의식을 가르치는 수업에서는 공부를 잘하는 것이 중요한 목표(예를 들면 '세상에 좋은 영향을 미치는 것', '가족들에게 자랑스러운 존재가 되는 것')를 성취하는 데 어떻게 도움이 되는지 학생들이 직접 설명해보게 했다.

📈 밝혀진 사실!

1   성장관점 수업을 받은 학생들은 성적이 향상됐다.

2   목적의식에 관한 수업을 받은 학생들도 성적이 향상됐다.

3   성장관점 수업과 목적의식 수업을 모두 받은 학생들은 영어, 수학, 과학 이수율이 더 높았다.

4   위의 결과는 학교 성적이 부진하거나 중퇴할 위기에 몰려 있던 학생들에게서 가장 뚜렷하게 나타났다.

5   성장관점과 목적의식 수업 둘 다 확대 적용할 수 있는 것으로 드러났다. 즉 대규모 집단의 학생들을 대상으로 온라인으로 진행할 수 있었다.

🔍 관련 연구

어느 흥미로운 연구(학습과학 47)에서는 새로운 외국어를 배우는 학생들에게 목적의식을 불어넣는 실험을 했다. 실험 참가자 중 일부는 그 외국어를 배워야 하는 이유에 대한 설명을 전혀 듣지 못했다. 일부는 그 외국어는 꼭 알아두어야 하므로 열심히 공부해야 한다고 들었고, 또 일부는 학기말에 그 외국어 과목의 시험을 볼 것이라고 들었다. 앞으로 커서 일을 할 때 그 외국어가 도움이 되기 때문이라는 확실한 목표를 들은 아이들도 있었다. 결과는 어땠을까? **새로운 외국어를 배우는 이유에 대한 설명을 들은 학생들이 훨씬 더 열심히 공부하고 수업에도 더 적극적으로 참여했다.**

같은 맥락에서 이처럼 성장관점을 발전시키는 것이 학교에서 학습부진으로 애를 먹거나 중퇴 위기에 있는 학생들에게 실질적인 도움이 될 수 있을 것이다. 이를 밝혀낸 연구도 많다. 이 중에는 실험집단의 규모가 10만 명 이상이나 되는 눈여겨볼 연구도 있다. 성장관점과 연관성이 있는 또 다른 이점으로는 변화에 더 잘 대처하고, 더 오래 인내하고, 자기조절을 더 잘하고, 행복감을 느끼고, 근성이 있고, 자신의 삶을 더 잘 관리하고 있다고 느끼는 것 등이 있다.

🏛 실제 활용하기

성장관점과 목적의식을 단시간에 간단히 개발할 수 있다는 것을 보여주는 이 연구는 교육현장에 시사하는 바가 분명하다. **열심히 노력하고 배우는 것이 꿈과 목표를 달성하는 데 어떻게 도움이 되는지를 아이들이 깊이 생각해보도록 격려함으로써 목적의식을 키울 수 있다.** 특히 아이들의 목표가 다른 사람들과 관계된 것이거나 세상을 더 나은 곳으로 만드는 것을 향해 있다면 더욱 그렇다. 이를 위해서 아이들에게 "열심히 공부하는 것은 나의 목표 달성에 도움이 된다. 왜냐하면~"이라는 문장을 완성해보게 하는 것도 좋은 출발점이 된다.

교실은 성장관점을 개발할 수 있는 최적의 공간이기도 하다. 모든 학생이 목표를 달성할 수 있다는 높은 기대를 품고, 실패를 겪은 후 활용할 수 있는 다양한 전략을 세우도록 도와주면 좋다. 덧붙여 실패는 학습곡선에서 유용한 배움의 기회로 작용한다는 사실을 학생들이 이해하도록 돕고, 타인과 비교하기보다는 자신의 높은 기준에 비추어 성공을 가늠하도록 격려하면 성장관점의 문화를 촉진할 수 있다.

15

효과적인 학습을 위한
2가지 방법

 흥미로운 실험

문제를 푸는 순서와 타이밍은 학습에 얼마나 큰 영향을 미칠까? 일정 간격을 두고 반복해서 공부하는 것이 벼락치기로 한꺼번에 공부하는 것보다 더 효과적일까? 그리고 단위수업 동안 다양한 유형의 문제를 푸는 인터리빙(interleaving)(ABCABCABC—옮긴이)은 단위수업 동안 1가지 유형의 문제만 푸는 블로킹(blocking)(AAABBBCCC—옮긴이)보다 더 효과적일까?

연구자들은 첫 번째 연구에서 수학 공부를 일주일 동안 여러 차례에 걸쳐 나누어 했을 때와 한 번에 몰아서 했을 때를 비교했다. 두 번째 연구에서는 학생들이 수업시간 내내 같은 유형의 문제만 풀 때와 다양한 유형의 문제를 섞어서 풀 때 어떤 차이가 나타나는지 조사했다.

밝혀진 사실!

1   시험공부를 여러 차례에 걸쳐 나눠서 한 학생들은 최종시험에서 평균 74점을 받았고, 한꺼번에 몰아서 한 학생들은 49점을 받았다.

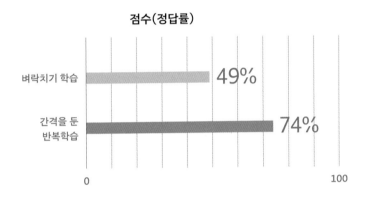

2   복습을 하고서 일주일이 지났을 때, 여러 유형이 섞인 문제(AB-CABCABC)를 푼 학생들은 평균 63점을 받았고, 같은 유형의 문제(AAABBBCCC)만 푼 학생들은 평균 20점을 받았다.

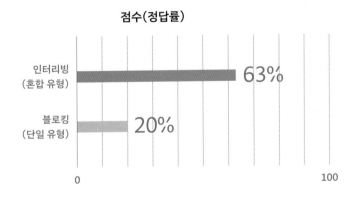

벼락치기로 공부하는 것보다 간격을 두고 반복해서 공부하는 것이 더 효과적이라는 사실을 밝혀낸 연구는 상당히 많다(학습과학 04). 이에 따르면 기본적으로 **하루에 1시간씩 8일 동안 공부하는 것이 하루에 8시간을 몰아서 공부하는 것보다 훨씬 낫다. 벼락치기로 공부하기보다는 시간 간격을 두고 반복해서 공부했을 때 최종시험에서 10-30점의 차이가 나타난다는 연구결과도 있다.**

한 과목 내에서 다양한 유형의 문제를 섞어서 공부하면 머릿속에 더 오래 기억되고 쉽게 회상할 수 있으며 성적에도 도움이 된다는 연구결과가 속속 발표되고 있다(학습과학 01). 이는 여러 유형이 섞인 문제를 푸는 과정에서 다양한 전략을 연습할 수 있을 뿐만 아니라 어떤 전략이 주효하고 성공 가능성이 큰지도 파악할 수 있기 때문이다.

무게가 제각각인 모래주머니를 던져서 목표물을 맞히는 훈련에 관한 연구도 있는데, 학생들이 모래주머니를 가벼운 것에서 무거운 것 순으로 차례로 던지며 훈련했을 때보다 무게가 제각각인 모래주머니를 무작위로 던지며 훈련했을 때 최종시험에서 더 좋은 결과가 나왔다.

🏢 실제 활용하기

대부분의 수학교재는 한 가지 문제유형(예를 들면 분수의 덧셈)을 설명하고, 뒤이어 관련 연습문제를 10문항 연달아 풀어보라는 식으로 구성된다. 다양한 유형을 섞어서 풀면 한 가지 유형의 문제만 풀 때보다 시간이 더 많이 걸릴 수도 있다. 그런데 연구 결과, 같은 유형의 문제로만 연습한 학생들은 수업 직후에 치른 시험에서는 점수가 조금 더 높았지만, 배운 내용을 깊이 있게 오래 기억하지는 못하는 것으로 드러났다. 학습한 내용을 오랫동안 기억하려면 다양한 유형의 문제를 혼합해서 푸는 인터리빙이 훨씬 더 효과적이라는 사실을 알 수 있다.

이 연구의 저자들은 간격을 둔 반복연습의 유익한 점에 대해 다음과 같이 설명한다.

> "한 가지 주제와 관련된 연습문제가 여러 세트의 연습문제에 배치되어 있으면, 설령 수업내용을 이해하지 못하거나 결석 등으로 수업을 듣지 못한 학생도 나중에는 그 다음 연습문제 세트에 나오는 해당 문제를 대부분 풀 수 있다. 반면에 많은 연습문제 세트를 한꺼번에 제공하면 제대로 풀 가능성은 거의 없거나 아예 없다."

결론적으로, 아이들에게 연습문제를 내줄 때 다양한 유형으로 구성된 문제를 제시하고, 간격을 두고 반복해서 공부하게 하면 훨씬 좋은 결과를 얻을 수 있다.

16

자녀의 실패를 대하는
부모의 태도

 흥미로운 실험

실패를 겪은 아이는 흔히 부모가 어떻게 반응하는지부터 살핀다. 그럴 때 부모가 보이는 반응이 아이들의 사고관점(mindset)에 어떤 영향을 미칠까? 실패를 '성장의 계기'로 보는 부모가 있고, '앞으로 더 나빠질 증거'로 보는 부모가 있다. 전자에 해당하는 부모는 실패를 배움과 성장의 기회로 본다. 후자에 해당하는 부모는 실패를 부끄러운 일로 보고, 아이의 능력을 부정적으로 판단하는 근거로 삼는다.

스탠퍼드대학교의 연구자들은 자녀와 부모 100쌍 이상을 대상으로 부모의 사고관점과 실패를 바라보는 부모의 관점이 자녀의 사고관점에 어떤 영향을 미치는지를 조사했다. 이 연구결과는 아이들의 성장 관점을 키우는 데 부모가 어떤 역할을 할 수 있는지를 알려준다.

📈 밝혀진 사실!

1   부모의 사고관점이 고정관점(fixed mindset)인지 성장관점 (growth mindset)인지로 자녀의 사고관점을 예측할 수는 없었다.

2   아이들은 부모가 실패를 '성장의 계기'로 보는지 '앞으로 더 나빠질 증거'로 보는지를 매우 정확히 가려냈다.

3   실패를 '앞으로 더 나빠질 증거'로 보는 부모의 아이들은 고정관점을 갖고 있을 가능성이 더 컸다.

4   실패를 '성장의 계기'로 보는 부모의 아이들은 성장관점을 갖고 있을 가능성이 더 컸다.

5   조사에 참여한 부모 중 나이가 좀 더 많은 부모들은 실패를 유익한 배움의 경험으로 믿는 경향이 더 컸다.

이 연구의 저자들은 이렇게 설명한다. "아이들과 마찬가지로 부모들도 아마 각자의 목표와 행동의 바탕이 되는 사고관점을 갖고 있을 것이다. 그러나 부모의 신념과 사고방식은 아이들이 알아차릴 수 있는 실천과 행동으로 이어질 때에만 아이의 믿음에 영향을 준다."

연구자들은 연구결과를 다음과 같이 요약한다. "실패를 나쁜 경험으로 여기는 부모 밑에서 자란 아이들은 자신의 지능을 향상시킬 수 있다고 믿지 않는다. … 이런 부모들은 자녀의 실패를 배움과 성장의 기회로 보기보다는 아이의 능력이나 수행에 대한 부정적 증거로 바라본다."

🔍 관련 연구

이 연구는 부모의 믿음이 자녀의 사고관점에 미치는 영향을 직접적으로 밝힌 몇 안 되는 연구 중 하나다. 지금까지 대부분의 연구는 부모의 태도가 자녀의 성적에 어떤 영향을 미치는가를 주로 조사했다. 교육의 가치를 존중하고, 자녀에 대해 높지만 현실적인 기대를 갖는 것이 더 높은 성적으로 이어진다고 주장해왔다(학습과학 11). 그밖에 자녀의 성적향상에 부모가 영향을 주는 요인으로는 숙제에 대한 부모의 태도와 바람직한 독서습관 등이 있다.

자녀의 성장관점을 키워주는 것과 관련해서, 부모의 태도가 아니라 행동에 초점을 맞춘 연구도 있다. 예를 들면, 아이가 아주 어릴 때(1-3세) 부모가 해준 칭찬의 유형이 5년 이후까지도 그 아이의 사고관점을 예측할 수 있는 주요 인자였다(학습과학 19). 이 외에도 아이가 자신의 현재 수준보다 약간 어려운 과제를 선택할 수 있도록 격려하고, 긍정적인 자기대화를 장려하며, 타인과 비교하기보다는 자신의 능력과 기술을 계발하는 데 더 많은 관심을 갖게 하는 방법 등이 성장관점을 키우는 전략으로 꼽힌다.

🏛 실제 활용하기

이 연구는 누군가의 사고관점이 타인의 눈에 보이는 건 아니라는 사실을 강조한다. 사고관점이란 마음속에서 작용하는 것이기 때문에 다른 사람이 정확히 가늠하기 어렵다. 하지만 행동은 그보다 쉽게 알아챌 수 있다. 부모가 어떤 생각을 하느냐가 아니라 어떤 행동을 하느냐가 중요하다는 뜻이다. 의도보다는 행동이 중요하다. 그리고 이 사실은 당연히 부모뿐 아니라 교사에게도 똑같이 적용된다.

자녀가 성장관점을 갖도록 돕기 위한 학부모 상담이나 학부모 워크숍을 열 때는 반드시 설명해줘야 할 게 있다. **부모가 실패, 좌절, 실망, 실수에 긍정적으로 대처하는 모습을 자녀가 볼 수 있도록 하는 게 중요하다**는 사실이다. 이 연구의 저자들은 다음과 같이 결론짓는다.

"부모에게 성장관점을 가르치고, 그것이 자녀에게 자연스럽게 전수될 것으로 기대하는 것은 불충분하다. 그보다는 실패를 대하는 태도에 관해 교육을 진행해서 실패도 유익한 경험일 수 있다는 사실과 아이의 실패에 부모가 어떻게 반응해야 동기와 학습에 도움이 되는지를 알려줘야 한다."

이런 유형의 개입은 자녀가 성장관점을 갖도록 유도할 뿐 아니라, 실패를 바라보는 관점을 바꿈으로써 끈기와 회복탄력성을 키워주는 데에도 직접적인 도움이 된다.

17

음악을 들으며
공부해도 괜찮을까?

💡 흥미로운 실험

많은 아이들이 음악을 들으면서 숙제나 시험공부를 한다. 이런 아이들 대부분은 좋아하는 노래를 들으면서 공부하면 집중이 더 잘된다고 확신에 차서 말할 것이다. 음악을 듣는 것이 실제로 학습에 도움이 될까? 혹시 방해가 되는 건 아닐까? 공부할 때 어떤 음악을 듣는지도 학습에 중요한 영향을 미칠까?

연구자들은 이 질문을 바탕으로 다양한 연령대의 학생을 네 그룹으로 나누었다. 첫째 그룹은 조용한 분위기에서 공부하고, 둘째 그룹은 좋아하는 가사의 노래를 들으면서 공부하고, 셋째 그룹은 좋아하지 않는 가사의 노래를 들으면서 공부하고, 넷째 그룹은 가사가 없는 음악을 들으며 공부했다. 이와 같은 조건에서 공부한 부분을 시험범위로 정해 테스트한 뒤, 피험자들에게 학습환경이 얼마나 집중을 방해했는지를 각자 평가하고, 시험을 얼마나 잘 봤다고 생각하는지 적어내게 했다.

📈 밝혀진 사실!

1　조용한 분위기에서 공부한 학생들은 가사가 있는 음악을 들으며 공부한 학생들보다 시험에서 60퍼센트 이상 좋은 성적을 받았다.

2　가사가 없는 노래를 들으며 공부한 학생들은 가사가 있는 노래를 들으며 공부한 학생들보다 성적이 더 높았다.

3　공부하면서 들은 음악이 자신이 좋아하는 노래인지 아닌지에 따른 차이는 없었다.

4　조용한 분위기에서 공부한 학생들은 주변 환경이 딱히 집중에 방해가 되지는 않았다고 평가했으며, 뒤이어 치를 시험에서 더 좋은 성적을 받을 것이라고 정확하게 예측했다.

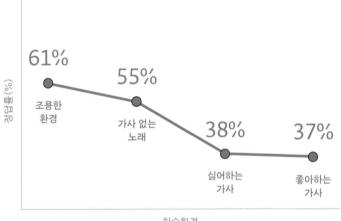

🔍 관련 연구

무언가를 할 때 음악을 듣는 것이 도움이 되는 경우도 있다. 음악은 의욕을 자극하고 기분을 좋게 한다. 좋아하는 음악을 들으면 얼굴에 저절로 미소가 지어진다. 헬스클럽에서 운동하면서 음악을 듣는 사람이 많은 것도 그 때문이다. 하지만 새롭거나 복잡한 내용을 배울 때는 그런 장점이 적용되지 않을 수 있다.

음악이 학습에 도움이 된다는 오해는, 학생들이 모차르트의 음악을 들었을 때 지능이 향상되고 시험점수가 향상됐다는, 일명 '모차르트 효과(Mozart effect)'라는 연구결과 때문이 아닐까 싶다. 하지만 그 이후의 여러 연구에서는 그렇지 않다는 사실이 밝혀졌다. **어떤 과업을 수행하기 전에 음악을 들으면 기분이 좋아질 수는 있지만, 새로 무언가를 학습하는 도중에 음악을 듣는 것은 대체로 도움이 안 된다. 특히 가사가 있는 음악은 공부하는 데 써야 할 뇌의 처리 공간을 차지해버리기 때문이다.** 그렇게 되면 음악과 학습내용이 충돌해 학습내용을 처리할 공간이 줄어들어서 기억 시스템에 병목현상이 발생한다.

이 연구의 저자인 영국 카디프 메트로폴리탄대학교의 연구자들은 이렇게 확신했다. "좋아하는 노래를 듣는 것도 싫어하는 노래를 듣는 것만큼이나 읽기에 방해가 된다. 가사가 없는 음악은 방해가 덜 되는 것으로 나타났지만, 공부는 역시 조용한 분위기에서 하는 것이 최선이다."

89

🏛 실제 활용하기

공부할 때 음악을 듣는 것이 학습에 잠재적인 부작용을 초래한다는 사실을 아이들에게 알려줄 필요가 있다. 조용한 환경에서 공부하면 집중력이 덜 흐트러지고 학습에 더 좋다고 실험 참가자들 스스로 평가했는데도 많은 학생이 숙제나 공부를 하면서 여전히 음악을 즐겨 듣는다는 사실은 흥미로운 대목이다. 어째서 그런 걸까? 아마 음악을 들으며 공부하는 것이 습관이 되었거나, 기분이 좋아지는 것과 공부가 더 잘되는 것은 별개라는 사실을 모르거나, 따분함을 덜고 싶어서이거나, 다른 친구들이 모두 음악을 들으면서 공부하기 때문이라는 등 여러 이유가 있을 것이다.

그러므로 아이들에게는 무엇을 공부해야 하는지만이 아니라 어떻게 공부해야 하는지도 반드시 알려줘야 한다. **공부하는 동안 음악을 듣게 되는 경우도 간혹 있겠지만, 새롭거나 복잡한 내용을 공부할 때는 듣지 않는 편이 좋다.**

18

사람들은 왜
자기 실력을 과신할까?

 흥미로운 실험

1995년 미국에서 맥아더 휠러(McArthur Wheeler)라는 강도가 한 낮에 은행을 털었다. 그는 경찰에 체포되면서 믿을 수 없다는 반응을 보였다. 얼굴에 레몬주스를 바르면 CCTV 카메라에 찍히지 않는다고 철석같이 믿고 있었기 때문이다.

컬럼비아대학교의 연구자인 저스틴 크루거(Justin Kruger)와 데이비드 더닝(David Dunning)은 이 강도의 무능과 낮은 자기인식 수준에 영감을 받아 능력과 자기인식의 관계를 알아보는 일련의 실험을 진행했다. 이들은 피험자들에게 다양한 과제를 시키고 각자 얼마나 잘했다고 생각하는지 스스로 평가해보도록 했다. 과제에는 농담하기, 논리적인 추론, 문법 테스트 등이 포함됐다. 마지막으로 연구자들은 사람들이 자신의 능력을 더 정확히 평가할 수 있게 도울 방법이 있는지 알아보았다.

📈 밝혀진 사실!

1 피험자 대다수는 자신의 능력을 과대평가하는 경향이 있었으며, 가장 무능한 사람에게서 이런 경향이 가장 두드러졌다.

2 유능한 사람일수록 과대평가하는 정도가 낮았다.

3 위와 같은 더닝-크루거 효과(Dunning-Kruger effect)는 논리적인 추론, 문법, 시험성적을 포함한 다양한 스킬에서 발견됐다.

4 자신의 능력을 대체로 과소평가한 유일한 집단은 가장 유능한 사람들로 이루어진 집단이었는데, 이런 경향은 '전문성의 부담(the burden of expertise)'이라는 표현으로도 종종 일컬어진다.

5 훈련과 교육으로 메타인지능력이 향상되면 자기평가(self-assessment)의 정확성도 개선되는 것으로 나타났다.

이 연구결과는 우리가 아는 많은 역사적 인물의 말을 통해서도 확인된다. 소크라테스(Socrates)는 "내가 아는 유일한 것은, 내가 아무것도 모른다는 사실이다."라고 선언했다. 찰스 다윈(Charles Darwin)은 "무지가 지식보다 자신감을 더 많이 갖게 한다."라고 말했다. 윌리엄 셰익스피어(William Shakespeare)의 희극 『뜻대로 하세요(As You Like It)』에는 "어리석은 사람은 자기가 현명하다고 생각하지만, 현명한 사람은 자기가 어리석다는 것을 안다."라는 대사가 나온다. 또 토머스 제퍼슨(Thomas Jefferson)은 "가장 많이 아는 사람은 자신이 얼마나 아는 게 없는지 알고 있다."라고 이야기했다. 그리고 영화 〈스타워즈(Star Wars)〉에서 루크 스카이워커는 다크사이드의 지나친 자신감이 데스스타의 파멸을 불러왔다고 말한다.

사람들은 어째서 많은 실패를 겪고도 자신의 무능함을 제대로 인식하지 못하는 걸까? 관련 연구에 따르면 사람들은 자존심을 지키기 위해 실패를 운이나 상황 등 외부 요인의 탓으로 돌린다고 한다. 이것은 자존감을 지키는 면에서는 나쁘지 않은 단기 전략이지만, 안타깝게도 장기적인 배움과 발전에는 도움이 안 된다(학습과학 27).

🏛 실제 활용하기

이 연구는 3가지 중요한 의미를 함축한다.

첫째, 어떤 것이든 100퍼센트 확신을 가지고 주장하는 사람은 누구든 조심해야 한다(학습과학 43). 실제로 이 연구의 저자들은 "그 릇된 선택을 낳는 바로 그 무능함 탓에 자신이나 다른 사람의 무능함을 깨닫는 데 필요한 분별력마저 갖추지 못하게 된다."라는 점에 주목한다.

둘째, **실력을 키우고 싶다면 자신의 현재 수준을 제대로 인식해야 한다. 자신의 능력을 실제보다 부풀려서 생각한다면(학습과학 77) 더 발전하고 나아질 방법을 깊이 고민할 가능성이 적다.**

셋째, 아이들에게 자신의 현재 수준을 알게 해주되 학습동기가 위축되지 않도록 그 균형점을 찾아야 한다. 아이들이 자신의 실력은 이미 정해져 있어서 바뀌지 않을 것이라고 믿는다면, 그 이상은 노력하지 않을 것이다. 실제로 관련 연구에 따르면 이런 고정관점을 가진 학생들은 더 빨리 포기하고, 변화에 잘 대응하지 못하고, 대처능력이 부족하고, 전반적으로 성적도 나쁜 편이다.

19

과정을 칭찬해야 하는 이유

�💡 흥미로운 실험

이 연구에서는 1-3세 아동 53명과 그 부모들의 상호작용을 3년 동안 관찰했다. 연구자들은 부모와 아이들의 상호작용에서 부모가 아이들에게 해준 칭찬을 기록하고, 이것을 '과정에 주목하는 칭찬', '개인적 특성에 주목하는 칭찬', '기타'로 분류했다. 과정에 주목하는 칭찬은 "노력을 진짜 많이 했구나."라거나 "그렇게 하니까 정말 좋은걸."처럼 아이의 노력과 접근전략에 초점을 맞춘 칭찬이다. 개인적 특성에 주목하는 칭찬은 아이의 특성으로 자리 잡은 긍정적인 자질에 관한 칭찬으로, 예를 들면 "어쩜 이렇게 똑똑하니!", "우리 딸 착하기도 하지."와 같은 칭찬이다.

연구자들은 아이들이 7-8세가 됐을 때, 학습에 대해 어떤 태도와 동기를 품고 있는지 알아보았다. 그리고 그것이 어릴 때 들은 칭찬과 어떤 관련성이 있는지 분석했다.

📈 밝혀진 사실!

1   1-3세 때 과정, 접근전략, 노력에 관한 칭찬을 들으면서 자란 아이들은 7-8세가 됐을 때 도전을 받아들이고, 노력을 중시하며, 발전 전략을 세울 줄 아는, 성장관점을 갖춘 아이로 성장했다.

2   부모가 어떤 종류의 칭찬을 주로 하는지는 아이가 14개월일 때 이미 정해졌고, 그 후 2년간 변함없이 지속됐다.

3   여아와 남아 모두 전체적으로 비슷한 양의 칭찬을 들었지만 남아는 여아보다 과정에 주목하는 칭찬을 훨씬 많이 들었다. 남자 아이들이 듣는 칭찬의 24.4퍼센트가 과정에 관한 것인 반면, 여자아이들이 과정에 관한 칭찬을 듣는 경우는 10.3퍼센트뿐이었다. 그 결과 남자아이들은 5년 뒤에 성장관점을 가질 가능성이 여자아이들보다 컸다.

4   부모의 사고관점과 자녀의 사고관점이 반드시 연관성이 있는 것은 아니었다. 그보다 더 밀접한 상관관계는 부모가 자녀에게 어떤 유형의 칭찬을 해주었느냐에 있었다. 다시 말해 아이의 사고관점에 가장 큰 영향을 미친 요인은 칭찬과 관련된 상호작용이었다.

🔍 관련 연구

노력과 전략에 관한 칭찬을 해주면 아이에게 성장관점이 형성되고, 아이가 앞으로 더 발전할 수 있다는 믿음을 키우는 데 도움이 된다. 이 사실은 많은 연구를 통해 확인됐다(학습과학 05). **과정에 주목하는 칭찬은 새로운 전략을 배우고 습득할 수 있게 함으로써, 어려운 상황을 조금 더 쉽게 극복하고 다시 일어설 수 있도록 해주기 때문이다.**

그런가 하면 부모의 사고관점과 아이의 사고관점의 관계를 조사한 연구에서는(학습과학 16), 아이의 실패에 대한 부모의 반응이 아이의 사고관점에 중대한 영향을 미친다는 사실도 밝혀졌다. **아이가 실패했을 때 자녀의 실력을 부정적으로 판단하는 부모보다는 이를 배움과 발전의 기회로 보는 부모의 자녀들이 성장관점을 갖게 될 가능성이 컸다.**

과정에 주목하는 칭찬은 남자아이들에게 더 많이 하는 경향이 있고, 그래서 남자아이들이 여자아이들보다 성장관점이 더 많이 형성되었다는 연구 결과는, 이전의 다른 연구들에서는 뒤섞인 결과가 보고된 점을 고려하면 흥미롭다. 남아와 여아의 성장관점에 차이가 없다고 밝힌 연구도 있고, 여자아이들은 실패를 변화 불가능한 요인의 탓으로 돌릴 가능성이 크다고 설명한 연구도 있었다. 또 특정 과목에 대한 사고관점을 조사한 연구도 있었는데, 과학과 수학 실력은 좀처럼 향상되지 않는다는 믿음이 어린 남자아이들보다 어린 여자아이들에게서 더 큰 것으로 나타났다.

🏛 실제 활용하기

이 연구를 진행한 시카고대학교와 스탠퍼드대학교의 연구자들은 이렇게 진술한다. "본 연구결과는 부모의 칭찬이 아이의 학습동기 형성에 영향을 미치며, 그런 영향이 유아기부터 시작되기도 한다는 일반적인 믿음과 부합한다." 저자들의 이런 의견은 유아기에 해주는 칭찬이 자녀에게 어떤 영향을 미치는가를 부모들에게 일찌감치 교육하면 큰 도움이 될 수도 있음을 암시한다.

그뿐 아니라 부모의 칭찬이 상당히 중요하다는 사실 자체도 흥미로운 주제이다. 저자들은 이에 관해 언급하면서 다음과 같이 지적한다. "아이들이 주변의 많은 어른에게 칭찬을 들을 가능성이 크다는 점을 고려하면, 부모와 자녀 간의 수많은 상호작용에서 받은 칭찬이 아동의 성장관점 형성에 영향을 미친다는 사실은 주목할 만하다." 확실한 것은, **아이들이 부모에게서 듣는 말은 오랜 시간이 지난 뒤까지 남아 영향을 준다**는 것이다.

20

노력은 전염된다

 흥미로운 실험

어떻게 해야 아이들이 조금 더 노력하게 만들 수 있을까? 주변 사람은 나의 노력에 어떤 영향을 미칠까? 주변 사람들이 열중해 있는 것을 보면 나도 마찬가지로 열심히 노력하게 될까?

연구자들은 학생 38명에게 두 사람씩 짝을 지어서 컴퓨터로 반응시간(reaction-time) 게임을 하게 했다. 어떤 때는 과제가 본인의 스크린에 제시되고, 어떤 때는 짝의 스크린에 제시됐다. 게임을 하는 동안 짝의 작업과정을 볼 수 있을 때도 있고, 볼 수 없을 때도 있었다.

연구자들은 짝을 이룬 두 학생 중 한 학생에게 더 어려운 과제를 제시해서, 어려운 과제를 풀어야 하는 학생이 더 열심히 노력할 수밖에 없는 상황을 만들었다. 그런 다음 이 상황이 짝에게 어떤 영향을 미치는지 분석했다.

📈 밝혀진 사실!

1 학생들은 옆에 앉은 짝이 열심히 집중하고 있으면 과제를 더 열심히 할 가능성이 컸다.

2 짝이 수행하는 과제를 볼 수 있는지 없는지는 별 관계가 없었다. 그저 짝이 열중해 있으면 자신도 마찬가지로 열심히 과제를 하게 됐다.

어째서 그럴까?
주위 사람의 행동을 따라 하는 '밴드왜건 효과(bandwagon effect)' 때문일 것이다. 혹은 인간은 주위 사람을 자동적으로 모방하게 타고났기 때문일 수도 있다. 옆에 있는 사람이 하품을 하면 자기도 모르게 하품을 하게 되듯이 말이다. 아니면 남들이 나에 대해 어떻게 생각하는지에 신경 쓰고 남들에게 좋은 인상을 주고 싶어 하는 인간의 본성 때문일지도 모른다.

🔍 관련 연구

스포츠심리학의 최초 연구 중 하나로 100년도 더 전에 발표된 연구에 따르면, 사람들은 주위에 쳐다보는 사람들이 있을 경우 자전거 페달 밟는 속도를 더 높인다. 이 결과를 토대로 한 어떤 연구에서는, 사람들은 누군가가 자신을 보고 있을 때 간단한 스킬이든 익숙한 스킬이든 더 잘 수행한다는 사실도 밝혀졌다.

그런데 항상 그런 것만은 아니다. 대단히 흥미로운 한 연구에서는 줄다리기 게임에 참가자가 한 명씩 추가로 투입될 때마다 각 참가자가 쓰는 힘은 줄어든다는 사실이 밝혀졌다. '사회적 태만(social loafing)'이라고 불리는 이 현상은 부족한 부분을 남들이 채워줄 것이라는 생각 때문에 나타난다.

따라서 **열심히 노력하는 데 타인의 존재가 도움이 되는 경우**는 다음 2가지로 볼 수 있다. **첫째, 다른 사람들이 열심히 노력하고 있을 때. 둘째, 자신의 행동이 관찰되고 있다는 사실을 인식하고 있을 때**이다.

🏛 실제 활용하기

선택권이 있다면 대개 사람들은 많은 노력과 수고를 들이지 않아도 되는 환경을 선택한다는 연구결과도 있었다. 기본적으로 인간은 에너지를 쏟기보다는 최대한 보존하는 쪽으로 맞춰져 있다.

　이것은 교실에서 아이들의 자리를 정할 때 특히 참고할 만한 사항이다. 옆에 앉을 짝을 아이들이 직접 고르게 하기보다는, 더 열심히 공부하는 데 자극이 될 짝을 교사가 골라줘야 한다(학습과학 44)는 의미이기 때문이다. 제일 친하고 마음에 드는 친구는 열심히 공부하는 데는 도움이 안 될 수도 있다. 함부르크와 브뤼셀에 있는 대학교 소속의 이 연구진은 **"주어진 과제에 온 힘을 다해서 노력하는 사람 곁에서 과제를 하는 것만으로도 열심히 과제를 하게 된다."**라고 간결하게 연구결과를 요약한다.

21

교사에 대한 평가는
객관적일까?

 흥미로운 실험

연구자들은 학생들을 두 집단으로 나누고 지루한 강의를 듣게 했다. '지루한 수업'에 대한 불평으로 흔히 지적되는 특징을 모방해 특별한 강의 기법 없이 아주 단조롭게 진행된 강의였다.

실험집단의 학생들에게는 이 수업이 미래에 어떤 도움이 될지를 수업 전에 짧게 설명했다. 그리고 강의가 별로 재미없을지 모르지만 주의 깊게 잘 들어보라는 격려도 해주었다. 반면 통제집단인 두 번째 집단의 학생들에게는 아무런 말도 하지 않았다.

📈 밝혀진 사실!

1 교사의 능력에 대한 학생들의 평가와 학생들이 실제로 배운 것 사이에는 관련성이 없었다. 연구진은 더할 나위 없이 명확하게 의견을 밝힌다. "75년이 넘는 세월 동안 이와 관련된 연구가 지속적으로 있었지만, 학생 평가에서 높은 점수를 받는 교수들에게서 학생들이 더 많이 배운다는 통념을 뒷받침하는 증거는 현재까지 전무하다."

2 학생들의 교사 평가와 교사의 능력 사이에 긍정적인 관련성을 보고한 기존 연구들은, 피험자 집단의 규모가 지극히 작아서 연구의 신뢰성이 떨어지거나, 연구자들이 부정적인 결과는 배제하고 긍정적인 결과만을 발표하는 발표편향(publication bias)의 결과인 경우가 대부분이었다.

3 얼마나 배웠는가를 가늠하기가 상당히 어렵고 복잡해서 연구자들은 다음과 같이 설명했다. "학생들에게 수업을 듣고 느낀 점이나 교사의 지식수준 등을 묻는 질문지를 돌리는 식의 간단한 방법으로 교사가 가르친 수업의 유효성을 평가하는 것은 비현실적인 듯하다."

몇몇 학생이 자신의 선생님을 다른 선생님들보다 더 좋게 평가하는 이유를 탐구한 연구도 있다. 그 배경에는 2가지 주요 요인이 작용하는 것으로 추정된다. 첫째는 학생들이 해당 교사가 가르친 주제를 원래부터 얼마나 좋아했는지 여부다. 이는 실제로 학생들이 교사를 평가하는 데 가장 큰 영향을 미치는 요인 중 하나다. 간단히 말해서, **학생들은 어떤 과목을 좋아하면 그 과목을 가르치는 사람도 좋게 평가할 공산이 크다.** 그 반대도 마찬가지여서, 대부분의 학생은 자기가 싫어하는 과목의 선생님을 싫어하는 경향이 있다.

학생들의 평가에 영향을 주는 둘째 요인은 일종의 확증편향(confirmation bias, 자신의 신념과 일치하는 정보는 받아들이고 일치하지 않는 정보는 무시하는 경향—옮긴이)이다. 어떤 연구에서는 학생들을 두 집단으로 나누고, 임시교사에 관한 간단한 정보를 제공했다. 이들에게 제공된 정보는 한 가지 세부사항만 제외하고 똑같았다. 한쪽 집단에 제공된 정보에는 이 선생님이 '따뜻한' 성격이라는 문구가, 다른 집단에는 '차가운' 성격이라는 문구가 들어 있었다. 수업이 끝난 뒤 선생님이 따뜻하다는 정보를 읽은 학생들은 그 선생님을 다정한 사람으로 더 많이 느꼈고, 차갑다는 정보를 읽은 학생들은 그 선생님을 냉담하고 쌀쌀한 사람으로 더 많이 느꼈다. 교사의 평판은 학생들의 선입견에 좌우되곤 해서, 학생들의 전반적인 느낌과 생각에 큰 영향을 받는 듯하다.

🏛 실제 활용하기

캐나다 마운트로열대학교 소속인 이 연구진은, 학습을 중요시하는 대학은 학생의 평가 의견을 전혀 고려하지 않거나 최소한만 고려한다고 설명한다. 그렇다고 해서 학생들의 의견이 전혀 중요하지 않다는 뜻은 아니다. 수업에 관한 의견이나 그 수업이 얼마나 도움이 되었다고 느끼는지에 대한 학생 의견은 꼭 들어봐야 한다. 다만 그런 의견이 교사의 능력을 평가하는 중요한 잣대가 되는 것은 바람직하지 않다.

교사들의 능력을 꼭 알아봐야 하겠다면 교사의 의지와 낙관적 태도를 확인해보는 것도 좋은 방법이다. 이런 품성이 더 좋은 예측 인자가 될 수 있음을 밝힌 연구도 있다(학습과학 75).

22

재능 vs. 노력,
어느 쪽을 존중할까?

 흥미로운 실험

우리는 타고난 재능과 노력 중 어느 쪽을 더 대단하게 생각하고 존중할까? 교육계와 스포츠계의 많은 이들이 끈기와 회복탄력성의 중요성을 크게 강조하지만, 실제로는 다들 타고난 재능을 남모르게 숭상하고 있는 건 아닐까?

연구자들은 프로 음악가와 아마추어 음악가 여럿에게 두 곡의 연주를 들려주었다. 첫 번째 곡은 천부적인 재능을 보인 '타고난 음악가'의 곡이라고 설명하고, 두 번째 곡은 의욕과 투지가 넘치는 '노력가'의 곡이라고 설명했다. 실제로는 두 곡 모두 같은 음악가가 연주한 곡이었다. 연구자들은 피험자들에게 곡을 연주한 사람 중에 어느 쪽이 더 훌륭한 것 같고, 둘 중 어떤 사람이 음악가로서 더 성공할 것 같은지를 평가하게 했다.

📈 밝혀진 사실!

1 사실 두 곡을 같은 음악가가 연주했음에도, 피험자들은 '노력가' 보다는 '타고난 음악가'의 연주가 더 뛰어났고, 이들이 오케스트 라에 입단할 가능성도 더 높다고 평가했다.

2 실험을 시작할 때 피험자들은 음악가로 성공하려면 노력과 연습 이 꼭 필요하다고 말했다. 프로 음악가일수록 이런 견해에 더욱 동의했다. 하지만 프로 음악가들은 아마추어 음악가들에 비해 '타고난 음악가'의 연주에 더 감명을 받는 것으로 나타났다.

3 어떤 사람의 연주를 다시 듣고 싶은지 묻는 질문에, 프로 음악가 들은 '타고난 재능의 소유자'들을 꼽았고, 이들의 실력을 더 높이 평가했다.

재능편향(talent bias)과 유사한 인지적 편향성으로는 '후광효과 (halo effect)'가 있다. 후광효과는 어떤 사람이 새로 발표한 작품을 평가할 때 그 사람이 기존에 받은 좋은 평가가 영향을 미치는 현상이다. 이에 관한 어느 연구에서는, 어떤 학생의 첫 번째 과제에 높은 점수를 준 교사는 첫 번째 과제와 관련 없는 두 번째 과제에도 그 학생에게 더 좋은 점수를 줄 가능성이 높다는 사실이 밝혀졌다.

관련 연구에 따르면 이런 현상을 막기 위해서는 과제 제출자의 이름을 가린 채 평가하는 것이 좋다고 한다. 음악 분야에서 블라인드 오디션(blind audition, 지원자에 대한 선입견을 배제하기 위해 면접관이 지원자를 볼 수 없는 상태로 치르는 오디션―옮긴이)을 보거나 회사 입사지원서를 검토할 때 지원자의 이름을 익명 처리하면 이런 사고의 오류를 바로잡는 데 도움이 된다. 또 학생들의 과제를 평가할 때도 이와 비슷한 조치를 하면 그런 현상을 줄이는 데 도움이 될 수 있다고 한다. 그러나 학생의 발달 및 진척 상황을 토대로 피드백을 제공할 때는 이런 조치 자체가 걸림돌이 될 수도 있음을 염두에 두어야 한다.

실제 활용하기

하버드대학교에서 진행한 이 연구를 통해 우리는 사람들이 재능을 어떻게 받아들이느냐에 관한 흥미로운 사실을 엿볼 수 있다. 이 논문의 저자들은 "재능을 알아보는 능력은 재능 그 자체에 버금갈 정도로 복잡하다."라고 말한다. 천부적인 재능이 사람들의 마음을 사로잡는 요인이라는 말은, 어린 나이에 뛰어난 재능을 보이는 학생들이 특별한 주목과 관심을 받게 된다는 뜻이다. 특히 **초등학교 때 공부를 얼마나 잘하는가는 1년 중 어느 달에 태어났는가와 밀접한 관련이 있을 것이라는 최근의 연구결과**를 고려하면, 이런 현상은 문제가 될 수 있다. 초등학교의 동급생 중 먼저 태어난 학생들이 나이의 영향으로 더 재능 있는 학생으로 비칠 수 있기 때문이다. 이런 효과는 학생들이 고등학교를 졸업할 무렵이 되면 완전히 사라진다.

이 연구결과에서 제기되는 또 하나의 쟁점은, 학생들이 실력을 키울 수 있도록 우리가 이후에 어떻게 도울 것인가의 문제이다. 겉으로는 노력과 근면을 중요시한다고 하면서도 실제로는 타고난 능력을 더 가치 있게 평가한다면, 학생들이 쉽게 눈치 챌 것이다. 아무리 애써봤자 '타고난 재능'이 있는 친구보다 늘 뒤질 테니 노력과 근면은 아무 소용이 없다고 믿게 되면, 학생들이 좌절하지 않고 열심히 노력할 가능성은 그만큼 줄어든다는 의미가 되지 않겠는가?

23

시험을 위한 공부 vs.
공부를 위한 시험

 흥미로운 실험

연구자들은 다양한 학습전략이 배움에 얼마나 효과가 있는지를 조사했다. 이 중에는 '시험효과(testing effect)'라고도 불리는 '인출연습(retrieval practice)' 전략도 있었다. 인출연습은 어떤 질문의 답을 생각해내야 하는 활동을 뜻한다.

연구자들은 인출연습이 핵심 설명을 반복해서 읽는 공부법보다 얼마나 더 효과적인지 알아보았다. 이들은 우선 학생들의 기말시험 결과를 비교하고, 그에 덧붙여 학생들 자신이 이런 공부법이 얼마나 효과적이며, 얼마나 재미있다고 평가했는지를 조사했다.

📈 밝혀진 사실!

1   기말시험을 2-7일쯤 앞두었을 때, 수업시간에 1시간 동안은 시험공부를 하고, 다음 1시간 동안은 인출연습을 한 학생들은 배운 내용을 2시간 내내 읽으면서 공부한 학생들보다 30퍼센트 이상 좋은 성적을 냈다.

2   정보를 더 오래 기억해야 하는 상황일수록 시험효과의 효력이 더 컸다.

3   정보를 더 오래 기억해야 하는 상황일수록 다시 읽어보며 공부하는 방법은 덜 효과적이었다.

4   학생들은 인출연습보다 다시 읽는 공부법이 더 효과적이라고 평가할 가능성이 컸다. 하지만 인출연습에 치중한 학생들은 한 번 혹은 여러 번 읽으면서 공부한 학생들보다 배운 내용을 50퍼센트 이상 더 많이 기억했다.

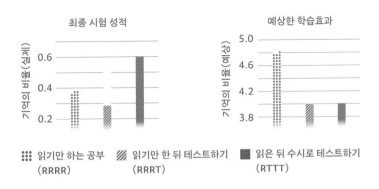

5   인출연습으로 공부한 학생들은 단순히 내용을 다시 읽으면서 공
    부한 학생들보다 공부가 더 재미있다고 평가했다.

🔍 관련 연구

인출연습의 장점은 100여 년 전부터 연구되어왔다. 이 방법은 기말시험을 볼 때처럼 스트레스가 심한 상황에서 특히 강한 효과를 발휘하는 것으로 알려져 있다(학습과학 76). 시험을 본 뒤에 즉각적으로 피드백을 해주면 그 효과가 더욱 커지며, 배웠지만 제대로 습득하지 못했을 가능성이 있는 부분을 찾아내는 데도 도움이 된다.

시험공부를 할 때 시험을 볼 때와 같은 조건에서 공부하면 나중에 정보를 회상하는 능력이 강화된다는 연구결과도 있다. **기본적으로 정보를 회상하는 능력은 훈련으로 향상된다.** 학생들이 인출연습보다 다시 읽기가 더 나은 공부법이라고 잘못 믿고 있다는 연구결과는 흥미로우면서도 한편으로 염려스럽다. 읽으면서 공부하는 방법을 고집한다면, **소리를 내서 읽는 낭독이 눈으로 조용히 읽는 묵독보다 학습효과가 더 좋다**는 연구결과가 있으니(학습과학 34) 소리를 내서 읽는 편이 좋다.

🏛 실제 활용하기

워싱턴대학교에서 진행된 이 연구의 결과는 학생들이 시험공부를 할 때 핵심 내용을 잘 배울 수 있도록 어떻게 도울 것인지에 대해 중요한 시사점을 준다. 교사들이 최선의 학습전략에 따라 지도하지 않으면 학생들이 효과가 미진한 방법으로 공부할 가능성도 있다는 사실을 알려주기 때문이다.

연구자들은 인출연습을 꾸준히 하면 예상치 못한 유익한 효과를 얻을 수 있다고도 설명한다. "시험을 자주 보면 학생들이 간격을 두고 반복학습을 하게 된다." 이는 시간 간격을 둔 반복연습이 벼락치기 공부보다 더 많은 내용을 더 오래 기억할 수 있다는 기존의 연구결과들로 뒷받침된다. 그러므로 아이들에게 그저 공부의 중요성을 강조하기보다는 더욱 능률적이고 효과적으로 공부하는 방법을 반드시 가르칠 필요가 있다. 이 연구의 결과는 더할 나위 없이 명확하다. **단순히 시험을 더 잘 보기 위해서 공부를 한다고만 생각하지 말고, 더 효과적으로 공부하기 위해 시험을 볼 필요가 있음을 염두에 두어야 한다.**

24

생각의 초점을
어디에 맞춰야 할까?

 흥미로운 실험

심리학에서 가장 잘 알려진 대표적인 연구 중 하나로 꼽히는 이 실험에
서는, 실험 참가자들에게 자신의 생각을 5분 동안 말하고 그 내용을 녹
음하게 했다. 참가자들에게는 흰곰에 대해서 생각하지 말아야 하며,
혹시라도 흰곰 생각이 떠오르면 그때마다 앞에 놓인 종을 치거나 "흰
곰"이라고 말하라고 지시했다.

📈 밝혀진 사실!

1   참가자들은 흰곰에 대해서 생각하지 않으려고 애써 노력했지만, 최소한 1분에 한 번씩은 흰곰을 생각했다.

2   참가자들은 주로 문장이 끝났을 때나 말을 잠시 멈췄을 때 흰곰을 떠올리곤 했다.

3   무언가를 생각하지 않으려고 하면 할수록 오히려 그것이 더 생각났다. '반동효과(rebound effect)'라는 이 현상이 나타나는 이유는 억제하려고 애쓰는 바로 그 생각에 사로잡히기 때문이다.

4   흰곰 생각을 억제하지 말고 그 대신 빨간 자동차에 생각을 집중하라는 지시를 받은 참가자들은 그나마 훨씬 나았다. 이들도 흰곰 생각을 억누르느라 애를 먹기는 했지만, "흰곰을 생각하지 말라"는 지시를 들은 참가자들보다는 반동효과가 덜했다.

🔍 관련 연구

생각하고 싶지 않은데도 자꾸만 떠오르는 생각이 있다는 개념이 알려진 것은 19세기 후반 지그문트 프로이트(Sigmund Freud)의 연구가 발표되면서부터다. 그 이후에 나온 여러 연구를 통해, 생각과 정보를 무시하는 인간의 능력이 그다지 신통치 않다는 사실이 밝혀졌다. 가령 배심원들은 판사가 무시하라고 말한 정보에 영향을 받는다는 것이 연구로 증명됐다. 또 감정적으로 힘든 일을 애써 억누르면, 세월이 흐른 뒤에 심리적으로나 생리적으로 문제가 생길 가능성이 크다는 사실도 알려졌다.

이 연구에서 활용한 '생각을 방해하는 기법' 외에 다른 연구에서 밝혀낸 것처럼 **"그만"이라고 말하는 방법도 끊임없는 생각의 흐름을 멈추는 데 효과가 있었다.** 이런 방법들은 답답함을 견디고, 불안을 극복하고, 숙면을 취하고, 최악의 시나리오에 관한 상상에서 벗어나는 데 도움이 됐다. 머릿속에 퍼뜩 떠오르는 생각은 어떻게 해보기 힘들지 몰라도, 그 이후의 생각과 행동은 제어할 수 있다.

🏛 실제 활용하기

트리니티대학교와 텍사스대학교에서 진행한 이 연구의 결과는 어떤 것에 대해 생각하지 않는 것이 불가능하지는 않지만 매우 힘들다는 사실을 보여준다. 저자들은 이렇게 설명한다. "생각을 억제하려면 (a) 어떤 생각을 억제하기로 계획하고 (b) 계획에 관한 생각을 포함한 모든 생각의 발현을 억제함으로써 그 계획을 이행해야 한다." 그런데 학생들 대다수는 이런 전략을 많은 사람 앞에서 발표하거나 시험을 볼 때처럼 압박감이 큰 상황에 대비할 때 시도한다. 예를 들면 **마음속으로 '서둘지 말자', '웅얼거리지 말자', '질문을 잘못 해석해서는 안 돼', '멍청한 말은 하지 말아야지'라고 다짐한다. 하지만 이런 생각은 역설적으로 그런 일이 일어날 가능성을 더 키운다.**

　이 연구는 "억제가 힘든 이유는 집중할 대상 없이 생각하는 것이 힘들기 때문이다."라고 결론짓는다. 실제로 어떤 생각을 억제하려다가 실패하면 그 생각에 사로잡혀 계속 떠올리게 된다. 그래서 이 연구에서는 **피하려는 것에 초점을 맞출 것이 아니라 성취하려는 것에 초점을 맞추는 편이 효과적이라고 제안한다. 예를 들면, 마음속으로 '천천히 하자', '또박또박 말하자', '질문을 두 번씩 읽자', '내가 말하고 싶은 걸 생각하자'라고 생각하는 편이 좋다.** 요컨대, 이 연구가 전하는 함축적인 메시지는 간단하다. '하지 말자'는 생각을 하지 말자는 것이다.

25

피드백에도 방법이 있다

 흥미로운 실험

좋은 피드백이 갖춰야 할 요건에는 어떤 것이 있을까? 피드백은 늘 도움이 될까? 무엇보다도 어떻게 해야 학생들에게 피드백을 더 잘해줄 수 있을까? 이런 질문의 답을 구하기 위해 연구자들은 학계에 발표된 관련 연구들을 철저하고 포괄적으로 검토했다. 그 결과 피드백에 관한 아주 흥미롭고 놀라운 사실들이 밝혀졌다.

📈 밝혀진 사실!

1 피드백은 대체로 학생들의 실력 향상에 상당히 큰 도움을 준다. 따라서 적절히만 활용한다면 피드백은 학습에 실질적인 보탬이 될 수 있다.

2 피드백은 학생에게 해가 될 수도 있다. 실제로 피드백의 3분의 1 남짓은 학생들에게 백해무익했다. 이 경우에는 피드백을 하지 않고 그대로 내버려뒀다면 더 좋은 성과를 냈을 것이다.

3 능력에 대한 피드백을 많이 받은 학생은 나중에 노력을 덜 하곤 했다. 같은 맥락에서 과제를 더 잘 수행하는 방법에 관한 피드백은 학생의 성적향상에 더 기여했다.

4 학습동기를 강화하는 데 초점을 맞춘 피드백은 학생들이 다음에 더욱 노력하게 할 수 있다. 그러나 학생들이 의욕을 자극하는 피드백에 의존하게 되면, 피드백이 중단될 경우 성적이 떨어질 수도 있다.

능력에 관한 피드백은 학생들의 발전을 저해하는 경우가 많다는 이 연구결과는 기존의 연구결과와도 일맥상통한다(학습과학 52). 예 컨대 노력을 칭찬하면 내재적인 동기를 강화하지만, 능력을 칭찬하 면 고정관점을 갖게 만든다는 사실이 연구로 확인됐다(학습과학 05, 16). 학생들을 서로 비교하거나 일부 학생에게만 지나치게 많은 칭찬 을 하면 자기도취적인 행동이 늘어날 수 있다는 사실도 밝혀졌다(학 습과학 65). 또 피드백과 칭찬이 지나치면 기대치가 낮다는 뜻이 은 연중에 전달되어 학생들의 의욕을 떨어뜨릴 수 있다고 한다.

학생들에게 유익한 피드백의 유형뿐 아니라 피드백의 시기에 관 한 연구에서도 몇 가지 흥미로운 결과가 밝혀졌다. 실험실에서 진행한 어느 연구에서는 피드백을 한 박자 늦게 전달하는 것이 더 유익한 효 과를 내는 것으로 드러났다. 하지만 실험실이 아닌 실제 환경에서 진 행한 연구에서는 즉각적인 피드백이 대체로 더 유익했다. 아마도 이런 차이가 나는 이유는 과제가 단순하고 시간이 충분할 때는 시간 간격 을 둔 피드백이 도움이 되지만, 피드백이 너무 오래 지연되면 잊어버 리거나 기억이 왜곡될 가능성이 있기 때문일 것이다.

🏛 실제 활용하기

이 연구는 교실에서 이루어지는 피드백과 관련해 중요한 의미가 있다. **"피드백이 늘 학생의 발전에 도움이 되는 것은 아니다. 특정 조건에서는 해가 될 수도 있다. 피드백은 양날의 검과 같다."**라고 지적한 연구자들의 말에 유의할 필요가 있다. 그러므로 성급하게 피드백을 하려고 해서는 안 된다. 피드백을 빠르게 많이 한다고 해서 항상 좋은 것만은 아니기 때문이다. 엉뚱한 시기에 피드백을 하거나 부적절한 유형의 피드백을 할 경우, 학습에 도움은커녕 방해가 될 공산이 크다.

일선 교사들은 학생들에게 피드백을 더 많이 주라는 학교 관리자들과 피드백을 정기적으로 받고 싶다는 학생들 사이에서 어려움을 느낀다. 이 연구의 저자들은 "교사는 피드백이 바람직하다는 생각과 피드백이 학생들의 발전에 도움이 되는가라는 의문 사이에서 혼란을 느낀다."라고 교사들의 어려움을 분명하게 지적한다. 만약 교사들이 피드백을 양이 아닌 질적인 측면에서 접근한다면, 학생들이 배우고 성장하는 데 도움이 되는 쪽으로 더 효과적으로 지도하고, 그와 동시에 업무 부담을 줄일 수도 있을 것이다.

26

학생들의 학습동기를
자극하는 4가지 방법

 흥미로운 실험

연구자들은 학생들을 두 집단으로 나누고 지루한 강의를 듣게 했다. '지루한 수업'에 대한 불평으로 흔히 지적되는 특징을 반영해 특별한 강의 기법 없이 아주 단조롭게 진행된 강의였다.

실험집단의 학생들에게는 이 수업이 미래에 어떤 도움이 될지를 수업 전에 짧게 설명했다. 그리고 강의가 재미없을지 모르지만 끝까지 잘 들어보라는 당부도 해두었다. 반면 통제집단인 두 번째 집단의 학생들에게는 아무런 말도 하지 않았다.

 밝혀진 사실!

수업의 의의를 간단히 전달받은 뒤에 강의를 들은 실험집단은 통제집단과 비교해 다음과 같은 효과를 나타냈다.

1   강의를 듣는 중에 학습동기가 더 높았다.

2   참여도도 더 높았다. 이 효과는 강의를 듣는 중에 점차 증가해서, 강의가 끝날 무렵에는 통제집단과의 차이가 **25퍼센트**에 달했다.

3   학습주제에 관심이 훨씬 높았으며, 그 주제가 자신에게 중요하다고 평가했다.

4   강의 이후 해당 주제에 관한 사실적·개념적 지식이 **11퍼센트** 향상되어 강의내용 중 학습된 내용의 비율이 더 높았다.

124

이 연구가 나오기 전에도, 지루한 과제를 해야 할 때(그래서 내재적 동기가 결여된 상태일 때) 학습동기를 최대한 북돋는 방법을 모색한 연구들이 있었다. 그중 한 연구에서는 피험자들에게 불빛이 깜빡일 때마다 키보드를 누르는 과제를 시켰다. 연구자들은 피험자들이 무척 따분한 이 과제를 잘 참고 수행할 수 있도록 과제의 의의를 설명하고, 학습자의 관점(즉 이들이 느낄지 모를 부정적인 감정)을 이해한다는 사실을 알리고, 강요하기보다는 선택의 여지가 있음을 강조하는 등 피험자의 의사를 존중하는 입장에서 이야기했다. 그 결과 학업성취도가 상당히 높아졌다.

다른 연구에서는 학생들이 배워야 할 내용을 가치 있게 여기지 않을 경우 학습동기와 참여도가 모두 하락하는 결과가 관찰됐다(학습과학 47). 학년이 높아질수록 자율적이고 독립적인 학습태도가 학업성취에 꼭 필요하기 때문에 이런 현상이 확연해진다.

그런가 하면 **학습동기를 높이는 데는 교사와 학생의 관계가 특히 중요하다**고 강조한 연구도 있다. 그렇게 보면 **단순히 '무엇을 말하는가'만이 아니라 '어떻게 말하는가' 역시 중요한 요인**이 될 수 있다. 그 연구에서는 다정함, 신뢰, 친밀감이 느껴지는 방식 등을 그런 요인으로 꼽았다.

🏛 실제 활용하기

이 연구에서는 학생들의 동기를 자극하려면 해당 주제가 어떤 도움이 되는지를 강조하고, 배우는 과정에서 느끼는 어려움을 학습자 스스로 충분히 극복할 수 있다는 사실을 알려줄 필요가 있다고 말한다. 위스콘신대학교 소속인 위 연구진은 이렇게 결론짓는다. "학생들의 학습동기를 자극하려면 먼저 다음 2가지가 충족되도록 해야 한다. 우선 학생들이 과제의 중요성과 개인적 실효성을 확실히 인식해야 하며, 과제를 수행하는 동안 자율성이 충분히 보장된다고 느껴야 한다."

수업을 시작하면서 수업을 통해 얻게 될 결과를 학생들에게 설명해주면 좋다는 말을 많이들 한다. 하지만 그것만으로는 학생들의 동기를 충분히 자극하기 힘들 수 있다. **이 연구에서는 수업에서 기대되는 결과를 제시하는 것 이외에도 이 수업이 왜 도움이 되는지, 어떻게 도움이 되는지를 설명하고, 어려울 수도 있음을 인정하고, 그렇더라도 끝까지 힘을 내보자고 격려하는 4가지 설명을 함께해야 한다고 강조한다.** 이런 설명은 수업을 시작하면서 많은 시간을 들이지 않고 할 수 있다. 이렇게 들인 사소한 노력들로 큰 성과를 얻게 될 것이다.

과거의 나와 현재의 나는
얼마나 다를까?

 흥미로운 실험

연구자들은 사람들이 현재의 성취감을 한껏 느끼기 위해 과거의 자신을 깎아내리는 것은 아닌지 알아보았다. 「From Chump to Champ: People's Appraisals of Their Earlier and Present Selves(얼간이에서 승리자로: 과거와 현재의 자기 자신에 대한 사람들의 평가)」라는 제목이 붙은 이 연구는 아주 흥미로운 내용을 보고한다.

📈 밝혀진 사실!

1   현재의 자신을 묘사할 때 과거의 자신보다 호의적으로 묘사한다.

2   현재의 자신을 치켜세우기 위해 과거의 자신을 깎아내리는 현상
    은 아이나 어른 모두에게서 일관되게 나타났다.

3   과거와 현재 사이의 시간 간격이 더 클수록 과거의 자신을 비판
    할 가능성도 더 커졌다.

4   실험 참가자들은 실질적인 발전이 없었는데도 현재의 자신이 과
    거의 자신보다 더 뛰어나다고 믿었다.

5   실험 참가자들은 자신의 성격적 특성이 개선됐다고 믿곤 했다.
    하지만 이런 믿음을 다른 사람들에게까지 확대 적용하지는 않아
    서, 다른 사람들의 성격은 예나 지금이나 변함이 없다고 진술했
    다.

6   어떤 능력을 더 중요하게 여길수록, 세월이 흐르면서 그 능력도
    향상됐다고 믿는 경향이 더 커졌다.

🔍 관련 연구

이 연구결과는, **사람들은 과거의 자신보다 현재의 자신을 더 행복하다고 평가하는 경향이 있다**는 기존의 연구결과를 뒷받침한다. 실제로 자신에 대해 만족하려는 욕구가 클수록 과거의 자신을 깎아내림으로써 현재의 자신을 더 높이 평가할 가능성이 크다는 사실이 다른 연구를 통해서도 밝혀졌다. 이런 경향은 자존감을 높이고, 의심, 걱정, 불안에 휩싸이지 않게 보호해준다.

사람들은 대개 자신의 능력과 성격을 평균 이상으로 평가한다는 점도 수많은 연구로 증명됐다. 사실 서구 문화권에서는 아이들이 자부심을 갖고 자신을 높이 평가하도록 격려하는 경우가 많다. 그런데 과거의 자신을 비판하면 실제로는 전혀 발전하지 않았는데도 지금의 자신을 더 좋게 받아들일 수 있고, 아무리 봐도 발전 없이 그대로인 현실을 직면하지 않아도 된다. 이는 **무능한 사람일수록 자신의 현재 능력을 과대평가하는 경향이 있다는 더닝-크루거 효과(Dunning-Kruger effect)**와도 유사한 측면이 있다(학습과학 18).

🏛 실제 활용하기

자신의 현재 실력 수준을 정확하게 평가하는 것은 학습에 꼭 필요한 부분이다. 이런 능력은 모든 학습의 토대가 된다. **아이들이 자신의 과거를 지나치게 부정적으로 평가하고, 그런 과거의 모습과 비교함으로써 자신이 발전하고 있다고 믿는다면, 그런 믿음이 실제로 발전의 동기를 저해할 수도 있다.** 이 연구의 저자들이 "사람은 과거의 자신을 현재보다 덜 호의적으로 평가함으로써, 자신이 예전보다 더 발전했다고 평가하기도 한다."라고 설명하듯이 말이다.

연구진은 이에 덧붙여 "광고주들이 '새롭고 개선된' 제품이라는 증거를 계속해서 만들어내듯이 사람들도 자신을 재포장하고 다듬어서 중요한 분야에서의 개선을 강조하는 건지도 모른다."라고 말한다. 이 전략은 단기적으로는 자신감을 높여주기도 한다. 하지만 애석하게도 이런 유형의 자신감은 쉽게 무너지고 없어진다. 따라서 아이들에게 진정한 자신감을 심어주려면, 지식과 실력으로 무장해서 실제로 더 유능해질 수 있도록 뒷받침해주는 것이 바른 접근이다.

28

"왜?"라고 묻는 것의 중요성

 흥미로운 실험

아이들이 핵심 내용을 잊어버리지 않고 기억해두기를 바란다면, (a) 단순히 해당 정보만을 이야기하는 것 (b) 정보와 함께 그 이유를 설명해주는 것 (c) 정보를 알려주고 왜 그런지를 직접 생각해보게 하는 것 중 어떤 방법이 좋을까?

연구자들은 이 질문의 답을 구하기 위해서 아이들을 모집하고, 세 집단으로 나눴다. 첫 번째 집단의 아이들은 사실을 전달하는 문장(예: 배고픈 남자가 차에 탔다.)을 읽었다. 두 번째 집단은 위 문장을 읽고 나서 그에 관한 설명(예: 배고픈 남자는 식당에 가기 위해 차에 탔다.)을 들었다. 세 번째 집단은 위 문장을 읽고서 질문(예: 그는 왜 차에 탄 걸까?)에 답해야 했다.

밝혀진 사실!

사실을 전달하는 문장만 읽은 아이들은 평균 **37퍼센트**를 제대로 기억했다.

문장을 읽고 설명을 들은 아이들은 평균 **35퍼센트**를 제대로 기억했다.

문장을 읽고 "왜?"라는 질문에 답해야 했던 아이들은 무려 **71퍼센트**를 기억해냈다.

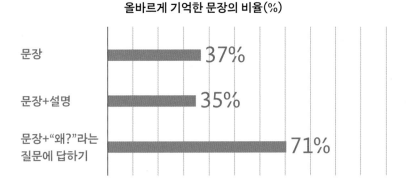

올바르게 기억한 문장의 비율(%)

문장	37%
문장+설명	35%
문장+"왜?"라는 질문에 답하기	71%

아이들이 직접 정보를 생각하고 처리할수록 그 정보를 기억할 가능성이 커진다는 사실이 점점 더 많은 연구를 통해 증명되고 있다. **'왜 그런 걸까?'라고 스스로 물으면서 답을 궁리한 아이들이 남의 설명을 듣기만 한 아이들보다 정보를 더 많이 기억**한 것도 그 때문이다. 심리학자들은 이런 기술을 '정교화 질문(elaborative interrogation)'이라고 한다. 최근에 발표된 대규모 문헌연구 결과에서는 **정교화 질문이 학생들의 기억력 향상에 가장 효과적인 전략 중 하나**로 꼽혔다.

'왜 그런 걸까?' 혹은 '왜 X는 되는데 Y는 안 되는 걸까?'라고 스스로 묻는 것이 왜 도움이 되는지를 조사한 연구도 있다. 그 이유로 제시된 이론 중 하나는, 그런 질문이 호기심을 높여서 새로운 정보를 기존의 정보와 연결시키는 데 도움이 된다는 것이다. 기존 정보들과 이런 식으로 연결된 새로운 정보는 장기기억에 깊이 저장된다.

🏛 실제 활용하기

"왜?"라고 묻는 이 방법은 어떤 아이에게는 잘 맞고 어떤 아이에게는 잘 안 맞을 수도 있다. 노터데임대학교, 미네소타대학교, 웨스턴온타리오대학교 소속의 위 연구진은 "해당 주제의 지식이 부족한 초보자들은 새롭게 경험한 상황을 정보와 자동으로 연결해 양자 간의 중요한 관계를 더 이해하기 쉽게 만들고, 결과적으로 더 쉽게 기억할 수 있게 만드는 데는 익숙하지 않은 편이다."라고 지적한다.

그러므로 **정교화 질문은 지식의 폭이 넓고 깊이가 있는 학생들이 활용할 때나 이미 공부를 많이 해둔 상태에서 마지막으로 정리하는 차원에서 활용할 때 특히 유용할 것으로 보인다.** 처음 정교화 질문 기법을 사용할 때는 교사나 부모가 옆에 있는 상태에서 시작해서, 제시한 답이 정확한지 확인받도록 한다. 그렇게 하면 부정확한 정보를 암기하거나 반복해서 연습하는 수고를 덜 수 있다.

29

잠의 힘

 흥미로운 실험

사람은 모두 잠을 잔다. 하지만 잠을 충분히 자는 사람은 드물고, 대부분은 잠이 부족하다고 느낀다. 우리는 평균적으로 인생의 20년 정도를 잠을 자며 보내는데, 그처럼 중요한 잠의 유익함은 아직도 과소평가되고 있다. 미국수면재단(National Sleep Foundation)은 십대 청소년들에게는 하루에 최대 10시간의 수면이 필요하다고 권고하지만, 실제로는 잠자는 시간이 7시간 미만인 학생들이 많다.

연구자들은 수면의 다양한 기능을 조사하고, 학생들의 기억력, 감정 조절, 기분에 수면이 얼마나 중요한 역할을 하는지 알아보았다. 연구 결과, 수면이 사고와 학습에 꼭 필요한 토대임이 재확인됐다.

📈 밝혀진 사실!

1 전날 밤에 충분히 잠을 잔 후 공부하면 새로운 기억 연상이 더 효과적으로 생성된다. 이를 '정보 부호화 능력(ability to encode information)'이라고 한다.

2 충분한 숙면을 취하지 못하면 기억능력이 정상적으로 작동하기 어렵다. 이런 현상을 '정보 응고화 불능(inability to consolidate information)'이라고 한다.

3 사람은 잠이 부족하면 긍정적인 기억을 더 많이 잊어버리는 반면, 부정적인 기억은 더 많이 남게 된다. 그래서 잠을 제대로 못 자는 학생은 부정적인 기억이 머릿속에 맴돌 가능성이 더 높다.

4 심각한 수면 부족을 겪는 학생은 부정적인 감정이 생기고, 스트레스를 받고, 감정을 조절하지 못하는 경향을 보인다.

🔍 관련 연구

이 연구는 수면에 관한 기존의 연구결과를 뒷받침한다. 수면이 기억, 기분, 감정 조절과 관련 있을 뿐 아니라, 수면의 양과 질이 집중력과 밀접한 관련이 있다는 증거도 밝혀졌다. 수면의 양과 성적의 상관관계가 높다는 데는 부분적으로 이런 이유가 작용했을 수 있다.

충분한 숙면과 창의성의 연관성을 밝혀낸 연구도 있다. 이는 실험 참가자들이 전날 밤에 숙면을 취했을 경우 퍼즐의 숨겨진 규칙을 찾아낼 가능성이 두 배나 큰 것으로 확인되면서 밝혀졌다. 또 다른 연구에서는, **낮 동안 몸에 쌓인 독소가 잠을 자는 동안 없어지기 때문에 수면의 양이 부족하거나 수면습관이 불규칙한 십대 청소년은 병에 걸릴 가능성이 더 높다**는 사실을 보고했다.

🏛 실제 활용하기

많은 아이들이 수면의 중요성을 제대로 알지 못하므로 숙면이 그 무 엇보다 중요하다는 사실을 아이들에게 꼭 가르쳐야 한다. 캘리포니아 대학교 소속의 위 연구진은 "뭔가 제대로 안 풀려서 힘들면 잠자리에 드는 편이 좋다. 이튿날 아침이면 기분이 한결 나아질 것이다."라는 말로 논문을 마무리한다. **뭔가 잘 안 풀리고 막힌 기분일 때 잠을 자면, 전에 배운 것이 더 잘 떠오르고, 앞으로 배울 내용을 더 잘 받아들일 수 있는 상태가 된다**는 것이다.

아이들에게 수면의 중요성뿐만 아니라 수면과 관련한 잘못된 습관에 대해서도 명확하게 알려줘야 한다. 일정하지 않은 시간에 불규칙하게 잠자리에 들고(그렇게 되면 생체시계에 혼란을 일으킨다), 낮잠을 오래 자고, 잠자리에 들기 직전에 텔레비전을 보거나 휴대전화를 사용하는 것 등은 잘못된 수면 습관이다.

밤에 휴대전화를 사용하는 습관이 특히 십대 아이들 사이에 널리 퍼져 있는데, **늦은 밤에 주고받는 문자메시지나 전화통화는 기분, 자존감, 대응능력을 떨어뜨릴 수 있는 것으로 밝혀졌다.** 이 문제에 대해서는 교사와 학부모가 함께 논의하는 것도 좋은 방법이다. 청소년의 두뇌는 성인보다 자기조절 능력이 낮기 때문에 처음에는 부모가 자녀를 위해 대신 결정을 내려주는 편이 도움이 될 수 있다.

30

휴대전화,
멀리 둘수록 좋다

 흥미로운 실험

휴대전화는 이제 일상생활의 일부가 됐다. 휴대전화는 사람들을 연결하는 강력한 수단이며, 학습에도 아주 유용한 도구가 될 수 있다. 대부분의 사람은 거의 하루 종일 휴대전화를 끼고 생활한다. 그런데 휴대전화에 부정적인 측면은 없을까? 휴대전화가 있다는 것만으로도 공부에 부정적인 영향을 미치는 것은 아닐까?

연구자들은 이런 의문을 품고, 실험에 참가한 학생들에게 책상 위에 휴대전화나 노트패드를 올려두고서 집중력이 필요한 과제를 수행하게 했다. 참가 학생들은 과제를 수행하는 동안 휴대전화를 사용하지는 않았다. 그저 옆에 휴대전화를 놓아두기만 했다.

추가로 정보를 수집하기 위해 연구자들은 학생 자신에 관한 광범위한 질문이 담긴 설문지를 작성하게 하고, 위의 과제수행 실험을 두 차례 실시했다. 한 번은 다른 사람의 휴대전화를 가까이에 둔 채, 그리고 한 번은 자신의 휴대전화를 가까이에 둔 채 과제를 수행하게 했다.

📈 밝혀진 사실!

1   머리를 많이 써야 하는 복잡한 과제를 수행하는 동안 **휴대전화를 곁에 둔 것만으로도 주의력, 집중력, 성적이** 20퍼센트 **감소했다.**

2   자신의 휴대전화인지 다른 사람의 휴대전화인지에 관계없이, 휴대전화가 가까이에 있으면 과제 수행의 성적이 나빠졌다.

3   성별, 나이, 평소에 휴대전화를 얼마나 사용하는지, 스스로 휴대전화에 대한 애착이 얼마나 강하다고 느끼는지에 관계없이 성적이 하락했다.

휴대전화의 과다 사용에 따른 광범위하고 막대한 비용은 지금까지 많은 심리학 연구들로 충분히 입증됐다. 예를 들어 **수업시간 중의 휴대전화 사용은 성적 하락, 실패에 대한 두려움과 불안, 스트레스와 연관성이 있다**는 사실이 밝혀졌다. 또 소셜네트워크(SNS)와 메신저를 이용하기 위해 **휴대전화를 사용하는 빈도가 높을수록 성적에 부정적인 영향이 나타났다.**

밤늦은 시간에 휴대전화를 사용하는 것에 관한 문제도 많은 연구에서 조사됐는데, **늦은 밤에 휴대전화를 20분 이상 사용하는 사람들은 평상시의 수면시간이 짧았고, 수면의 질도 낮았다.**

🏛 실제 활용하기

최근에 이루어진 어느 연구에서는 조사 대상자의 81퍼센트가 휴대전화를 아예 끄지 않는다고 답했다. 요즘 아이들에게는 휴대전화를 굳이 사용하지 않더라도 계속 켜놓은 상태로 곁에 두는 것이 아주 당연한 일이다. 그런데 그에 따른 부작용은 없을까? 휴대전화가 가까이 있으면 집중력이 떨어지는데, 이 연구의 저자들은 그와 관련해 다음과 같이 부연한다. "휴대전화를 옆에 둔 것만으로도 집중에 방해가 되는 현상은 단순한 과제를 할 때에는 관찰되지 않았지만, 복잡한 과제를 수행할 때에는 훨씬 뚜렷하게 확인됐다."

어째서 그런 것일까? 서던메인대학교 소속인 위 연구진은 "과제와 무관한 생각을 일으킬 수 있는 자극이 적을수록 집중력을 유지하기가 더 쉽기 때문"이라고 설명한다. **최근 휴대전화를 금지한 학교들에서 학생들의 성적이 올랐다는 사실이 밝혀진 것도** 아마 이런 이유일 것이다. 이런 효과는 성적이 부진한 학생들에게서 가장 뚜렷이 관찰된다(학습과학 49).

학습은 머리를 많이 써야 하는 복잡한 활동임을 생각하면, 공부할 때는 휴대전화를 눈에 띄는 곳에 두지 않도록 지도하는 것이 타당하다. 눈에서 멀어지면 마음에서 멀어진다는 말은 이 상황에도 꼭 들어맞는다.

31

마시멜로 실험과
믿을 만한 교사

 흥미로운 실험

유명한 '마시멜로 실험'에서는 만족을 지연할 수 있는 학생들(즉 미래의 보상에 대한 약속을 믿고 열심히 노력하는 학생들)이 학교 성적도 좋고 인생에서도 성공한다는 사실이 밝혀졌다. 이 실험에서 연구자들은 아이들에게 마시멜로를 1개씩 주었다. 그리고 아이들에게 마시멜로를 당장 먹어도 되지만, 먹지 않고 기다리면 나중에 마시멜로를 1개 더 받을 수 있다고 말했다. 이 실험에서는 아이들이 첫 번째 마시멜로를 먹기까지 걸린 시간을 만족지연의 척도로 사용했다.

그런데 만약 아이들이 교사를 믿지 않으면 어떻게 될까? 연구자들은 아이들을 두 집단으로 나누었다. 마시멜로 실험을 하기 전에, 교사가 약속을 지키지 않거나(즉 믿을 만하지 않은 사람처럼 보이거나) 약속을 지키는(즉 믿을 만한 사람처럼 보이는) 모습을 학생들에게 보여주었다. 그다음에 이 두 집단의 학생들이 첫 번째 마시멜로를 먹을 때까지 걸린 시간에 얼마나 차이가 나는지를 비교했다.

📈 밝혀진 사실!

1   교사를 믿을 수 없는 사람으로 생각한 아이들이 첫 번째 마시멜로
를 먹기까지 기다린 시간은 평균 3분 정도였다.

2   교사를 믿을 만한 사람으로 생각한 아이들이 첫 번째 마시멜로를
먹기까지 기다린 시간은 평균 12분 이상이었다.

3   교사를 믿을 수 없는 사람으로 생각한 아이들 14명 중 단 1명만이
정해진 대기시간인 15분을 지켜냈다. 교사가 약속을 지키는 것을
본 아이들은 14명 중 9명이 정해진 대기시간인 15분을 지켜냈다.

4   누군가가 거짓말을 하거나 약속을 지키는 것을 본 경험은 모든 학
생의 만족지연 능력에 영향을 미쳤다. 이런 현상은 나이나 성별에
관계없이 같았다.

이 연구로 만족지연에 관한 이해가 한층 넓어졌다. 이 연구가 나오기 전에는 대부분의 연구가 참고 기다리는 개인의 능력에만 주로 초점을 맞췄다(학습과학 13). **교사의 신뢰성을 고려하지 않은 연구에서 아이들이 마시멜로의 유혹에 굴복하기 전까지 기다린 시간은 평균 6분 정도였다.** 이것은 믿을 만한 교사를 조건으로 한 실험에서 보인 대기시간의 절반이고, 믿을 만하지 않은 교사를 조건으로 한 실험보다는 두 배 긴 시간이다.

　나이가 어릴수록 미래의 불확실성에 특히 민감하다는 사실도 다른 연구에서 확인됐다. 그러므로 만족지연의 대가를 확신할 수 없는 조건이라면, 아이들이 기다릴 이유가 없다고 판단하는 것이 타당하다. 이 연구의 저자들은 이렇게 설명한다. "기다리는 것이 합리적인 선택이 될 수 있는 경우는, 터무니없을 정도로 길지는 않은 시간 동안 기다리면 두 번째 마시멜로를 확실히 받을 수 있고, 첫 번째 마시멜로를 잃게 될 위험도 없다는 믿음이 있는 경우에 한정된다."

🏛 실제 활용하기

이 연구의 저자들은 "더 적은 보상을 성급히 받아들이기보다 뚝심 있게 기다려서 더 큰 보상을 받기로 선택한 아이들의 결정은 환경의 신뢰성(이 경우에는 연구자가 말로 전달한 약속에 대한 신뢰성)에 큰 영향을 받는다는 사실이 확인됐다."라고 결론짓는다. 신뢰성이 이처럼 아동의 만족지연 능력에 영향을 주는 중요한 요인이라면, 어떻게 하면 아이들과의 신뢰를 쌓고, 안정적이고 일관된 환경을 만들어나갈 것인가를 고려해야 마땅하다.

따라서 일관되고 명확한 전략이 필요하다. **가정에서 부모가, 또 학교에서 교사가 무엇을 기대하는지, 정해진 규칙은 어떤 것이며 어떤 결과가 예측되는지를 아이들이 명확히 이해한다면, 모호성과 의심은 줄어들기 마련이다.** 그리고 이런 규칙을 꾸준히 시행하면 확실한 신뢰를 쌓아나갈 수 있다. 아이들이 교사의 말에 항상 동의하거나 교사의 행동과 결정에 늘 만족하지는 않더라도, 적어도 교사를 더 신뢰하게 될 것이다. 이것은 부모의 경우에도 해당된다.

32

가장 효과적인
필기방법은?

 흥미로운 실험

수업을 들으면서 필기를 하는 게 좋을까, 아니면 교사의 설명에만 집중하는 게 좋을까? 배우는 내용에 대한 기본 지식과 경험 여부에 따라 그 효과가 다를까? 학습유형에 맞는 더 효과적인 필기방법이 따로 있을까? 30년 전에 캘리포니아대학교에서 진행한 이 연구는 이 모든 질문에 대한 종합적인 답을 제시했다.

📈 밝혀진 사실!

필기를 했을 때 vs. 필기를 안 했을 때

1   수업을 듣는 동안 필기한 학생들은 수업이 끝나고 문제풀이 시험을 봤을 때 필기를 전혀 안 한 학생들보다 점수가 12 퍼센트 더 높았다.

2   그러나 세부내용, 통계, 인용을 기억해내는 문항에서는 필기를 안 한 학생들이 아주 약간 더 좋은 점수를 받았다.

필기의 종류

3   후속연구에서, 수업이 끝날 때나 각 주제의 설명이 일단락될 때 노트에 요약 정리한 학생들은 단순히 수업을 들으면서 필기한 학생들보다 문제풀이 시험에서는 10-15퍼센트, 세부내용을 기억해내는 시험에서는 13-17퍼센트 더 좋은 점수를 받았다.

노트 필기를 통해 가장 큰 혜택을 얻는 사람

4   요약정리는 해당 주제에 익숙한 학생과 새롭게 배우는 학생 모두에게 도움이 됐다.

🔍 관련 연구

이 연구결과는 필기를 너무 많이 하면 주의집중이 흐트러지고 작업기억(working memory)에 과부하가 걸릴 수 있음을 증명한 기존의 많은 연구결과를 뒷받침한다. 이 연구에서 수업시간 내내 필기를 한 것이 아니라 끝나고 나서 요약정리를 한 학생들이 더 좋은 성적을 받은 것도 아마 그런 이유 때문으로 보인다.

요즘에는 직접 손으로 필기하기보다 노트북 컴퓨터에 정리하는 학생들이 많아졌다. 그런데 최근 연구(학습과학 72)에서, 노트북 컴퓨터로 정리한 학생들은 수업내용을 깊이 생각하지 않고 베껴 적을 가능성이 큰 것으로 나왔다. 반면, **직접 손으로 필기한 학생은 핵심 내용만 잘 선택해서, 자신의 언어로 바꿔서 적을 가능성이 더 컸다. 이런 과정이 기억력을 강화하는 데 중요한 역할을 할 수도 있다.**

자신의 언어로 바꿔서 필기할 때는 새로 배운 교과내용과 정의(情意)적으로 연결될 가능성이 높아진다는 장점도 있다. 관련 연구에 따르면, 어떤 기억에 대한 감정이 크고 강할수록 장기기억에 저장될 가능성이 커진다.

🏛 실제 활용하기

수업 중에 필기하는 것은 양날의 검이다. 제대로만 활용하면 수업에 집중하고, 정신을 산만하게 만드는 다른 요인들을 차단하는 효과가 있다. 그리고 수업내용이 기록으로 남기 때문에 나중에 공부할 때 유용한 참고자료가 된다. 이 연구의 저자들은 "필기는 학습자들이 알고 있는 기존 지식과 수업시간에 새로 배운 내용 사이의 연결을 활성화한다."라고 설명한다.

필기를 적절하게 하지 못하면 부작용이 생길 수 있다. 즉 지나치게 필기에 치중하느라 교사가 말하는 내용을 놓칠 수 있는 것이다. 정보를 처리하는 데 써야 할 소중한 시간을 허비해버리고, 놓친 부분을 따라잡느라 정신이 없게 된다. 또 교사가 하는 말을 실시간으로 따라 적다 보면, 수업내용에 관해 생각하거나 기존의 지식과 경험에 비추어 볼 시간이 부족해진다.

요약해서 정리하는 필기방법을 병행하면 수업을 집중해서 들으면서 내용을 적으면서도, 동시에 교사의 설명에 귀 기울이고, 들은 내용을 깊이 생각해볼 수도 있어서 이는 가장 합리적인 전략이다.

33

자기 실력을 의심하는
가면증후군

 흥미로운 실험

가면증후군(Imposter Syndrome)은 자기가 거둔 성공은 순전히 행운이었을 뿐 자신은 남들이 생각하는 것만큼 뛰어나지 않으며, 조만간 그 사실이 들통날 것이라며 불안해하는 심리를 설명하는 용어다. 신기하게도 이 증후군은 크게 성공한 사람들에게서 흔히 나타난다.

가면증후군을 맨 처음 연구한 사람들은 스스로 그런 기분을 느낀 두 심리학자였다. 이들은 가면증후군의 특징을 파악하고, 이런 심리현상을 관리하고 극복하는 방법이 있는지를 알아보고자 했다.

📈 밝혀진 사실!

1   분석 결과 가면증후군은 이런 성향과 관련이 있었다.

   - 신경증적 성격
     두려움과 걱정이 많다.

   - 완벽주의
     비현실적이거나 실현 불가능한 목표를 추구한다.

   - 낮은 자기유능감
     자신의 능력을 의심한다.

2   가면증후군에 빠진 사람들은 대부분의 상황에서 자신을 끊임없이 부정적으로 평가할 가능성이 컸다.

3   사람들의 20퍼센트는 가면증후군이 있으며 이 증후군은 남성과 여성에게 거의 동등하게 영향을 끼치는 것으로 확인됐다.

4   가면증후군의 영향을 완화하는 데 사회적 지지(social support)가 큰 역할을 할 수 있다.

가면증후군은 우울감 및 정신건강 악화와 관련이 있음이 밝혀졌다. 흥미롭게도 다른 연구들에서는 이 연구에서 제시한 수치보다 가면증후군이 더 널리 퍼져 있다는 결과가 나왔으며, 연구에 참여한 학생의 43퍼센트에게 가면증후군이 있다고 보고한 연구도 있다.

한편 이 연구에서 가면증후군이 있는 남성과 여성의 비율이 거의 같은 점도 흥미롭다. 기존 연구들은 여성에게서 이 증후군이 더 흔하며, 큰 성공을 거둔 여성일수록 이 증후군에 빠질 가능성이 더 크다고 밝혀왔기 때문이다. 실제로 최근의 한 연구에서 여학생들은 자신을 '용감하다'고 묘사하는 사례가 남학생들보다 적었다. 또 젊은 여성들은 취업에 대한 자신감이 낮은 편이라는 연구결과도 있다.

발달상의 요인이 가면증후군에 끼치는 영향에 초점을 맞춘 연구도 있다. 그런 요인들로는 가정불화, 부모의 과도한 통제, 성적의 중요성에 관한 부적절하고 혼란스러운 메시지, 실패에 대한 큰 두려움 등이 있다.

🏛 실제 활용하기

그렇다면 부모나 교사가 어떻게 도울 수 있을까? 이 연구의 저자들은 이렇게 설명한다. "뛰어난 학력, 성공적인 경력을 비롯한 객관적인 증거들이 많은데도 이런 사람들은 성공의 경험을 자신의 것으로 받아들이지 못한다." 그러므로 아이들이 그동안 성취한 결과를 확인하고, 성공의 바탕에 자신의 행동이 있었음을 인식하도록 도와주는 것이 중요하다. 또 아이들이 주변 사람들의 사회적 지지를 확실히 느끼고 그런 도움을 활용할 수 있도록 지원하는 것도 좋은 방법이다.

자기 자신이 가짜라는 생각을 계속해서 품고 있으면 교내 연극 오디션이나 스포츠팀 선발 같은 기회가 생겼을 때 선뜻 나서지 못할 수도 있다. 용기 있게 소신대로 행동하며 심리적 안전지대 밖으로 벗어날 줄 아는 능력은 학교를 졸업한 뒤로도 평생 도움이 될 생존 기술이다.

34

소리 내서 읽으면
어디에 좋을까?

 흥미로운 실험

작가 닥터 수스(Dr. Seuss)는 일찍이 "더 많이 읽으면 더 많이 알게 된다. 더 많이 배우면 더 많은 곳에 가게 된다."라고 말했다. 그런데 책을 더 잘 읽는 방법, 다시 말해 더 많이 기억할 수 있는 독서법이 있을까?

　연구자들은 학생들에게 다음 4가지 방법으로 단어목록을 공부하게 하는 실험을 진행했다. 소리 내서 읽기, 조용히 눈으로 읽기, 자기 목소리로 녹음한 것 듣기, 다른 사람의 목소리로 녹음한 것 듣기였다.

📈 밝혀진 사실!

---

1   연구자들은 어떤 방법이 가장 효과가 좋은지를 확인했다. 가장 효과가 큰 것부터 순서대로 정리하면 다음과 같다.

> **1위** 소리 내서 읽으며 공부하기
> **2위** 자신의 목소리로 녹음한 것을 들으며 공부하기
> **3위** 다른 사람의 목소리로 녹음한 것을 들으며 공부하기
> **4위** 조용히 눈으로 읽으며 공부하기

2   소리 내서 읽는 방법과 녹음된 자신의 목소리를 듣는 방법 간의 차이는 크지 않아서, 기말시험에서의 점수 차이는 단지 3퍼센트였다.

3   소리 내서 읽는 방법과 조용히 눈으로 읽는 방법 간의 차이가 가장 커서, 기말시험에서 12퍼센트의 점수 차가 났다.

소리 내서 읽을 때 학습효과가 높은 이유는 일종의 '생산효과(pro-duction effect)'가 작용했기 때문이다. 생산효과는 새로운 정보로 즉시 무엇인가를 제작(산출)함으로써 나타난다. 이는 그 정보가 다른 정보의 간섭을 받아 흩어지지 않도록 마음속에 묶어두는 효과를 발휘한다. 소리 내서 읽는 활동은 다음과 같은 3가지 과정의 조합으로 생산효과를 유발한다. 이것은 능동적인 활동이고(활동하는 동안 수동적인 상태가 아니다), 시각적 처리를 거치며(단어들이 눈에 들어온다), 자기참고적이다(자기 자신에게 말하는 활동이다).

이 결과는 학생들이 여러 감각을 종합해서 어떤 정보를 배우면 더 많이 습득된다는, 기존 연구에서 밝혀진 사실(학습과학 70)과 일치하는 것이다. **다각적인 접근법은 뇌에 더 많은 연결을 만들어내기 때문에 배운 내용이 장기기억에 더 잘 기억될 수 있다**(학습과학 41).

실제 활용하기

많은 아이들이 자기가 정리한 노트를 읽으며 공부하고, 실제로 그 공부법을 선호한다. 이런 사실을 고려할 때, 노트를 읽는 방식 중에 특히 효과적인 방식이 있음을 밝힌 이 연구는 상당히 의미가 깊다. **눈으로 읽지 말고 소리를 내서 읽으면 더 효과가 크다는 사실을 아이들에게 가르치면 학습효율과 성적향상에 도움을 줄 수 있다.**

위 연구진은 연구결과를 요약하면서, 소리 내서 읽으며 공부하는 방법은 "스스로 자신의 목소리로 하는 것이어서 학습과 암기에 아주 큰 가치가 있다. 이 방법을 활용하면 외운 정보를 떠올릴 때 이런 특징적 요소 덕분에 더 잘 생각해낼 수 있다."라고 진술한다.

하지만 주의할 점이 있다. 비록 소리 내서 읽는 공부법이 이 연구에서 비교한 여러 방법 중 가장 효과적이었지만, 사실 단순히 읽으면서 복습하는 공부법은 다른 공부법(예를 들면, 인출연습)들보다는 학습효율이 낮은 편이다(학습과학 23). 따라서 시험공부를 할 때, 비록 소리를 내서 읽더라도 오로지 노트를 읽는 데에만 치중해서 공부하는 것은 그다지 효과적이지 않을 수 있다.

35

아침식사가
학습에 미치는 영향

 흥미로운 실험

많은 아이들이 자주 아침식사를 거른다고 한다. 그런데 그렇게 하더라도 아무런 문제가 없을까?

이를 밝히기 위해 연구자들은 아침식사를 했을 때, 식사 대신 포도당 음료를 마셨을 때, 아무것도 안 먹었을 때를 비교했다. 연구자들은 실험에 참가한 학생들을 대상으로 오전 시간 동안 집중력과 기억력 테스트를 진행하고, 기분이 어떤지를 조사했다.

📈 밝혀진 사실!

집중력

1   모든 학생이 시간이 흐를수록 집중력이 떨어졌다. 하지만 아침식사를 한 학생들은 아침을 거른 학생들보다 집중력이 50-65퍼센트 덜 감퇴되었다.

2   포도당 음료를 마신 학생들은 처음 몇 시간 동안은 아침을 거른 학생들보다 집중력이 더 크게 하락했다.

기억력

3   복습을 하고 4시간이 지난 뒤에 치른 기억력 테스트에서, 아침식사를 거른 학생들은 점수가 12퍼센트 하락하고, 포도당 음료를 마신 학생들도 27퍼센트 하락한 반면, 아침식사를 한 학생들은 3-5퍼센트 상승했다.

각성도

4   아침식사를 한 학생들은 오전 내내 정신이 또렷했다. 포도당 음
    료를 마신 학생들은 처음 몇 시간 동안은 정신이 맑은 듯했으나
    정오쯤 되어서는 아침식사를 거른 학생들과 비슷하게 정신이 멍
    하고 몽롱하다고 느꼈다.

🔍 관련 연구

아침식사는 기억력과 집중력 개선에 도움이 되며, 그 외에도 다양한
측면에서 좋다는 사실이 여러 연구로 밝혀졌다. 이를테면 건전한 식
사습관, 신체와 정신의 건강 증진, 활력 증강 등과 관련이 있음이 확
인됐다.

   "아침에 시리얼 등으로 대용식을 한 사람들은 아침식사를 아예 하
지 않는 사람들보다 우울감과 정신적 괴로움, 스트레스를 덜 느꼈다."
라고 보고한 경우도 있었다. 이와 관련해서 또 다른 연구에서는 "아침
식사를 거르면 혈당이 낮아지면서 기분이 나빠지고 짜증과 피로를 느
낀다."라고 발표했다. **아침식사를 거르는 것은 정신건강 악화의 실질적
인 원인으로 작용하는 것으로 보인다.** 저녁식사를 부모와 함께 먹지 않
는 학생들에게서도 이와 비슷한 결과가 확인됐다(학습과학 71).

   아침식사는 신체 활동량과도 관련이 있다. 아침식사를 가끔 하
는 학생들은 규칙적으로 아침식사를 하는 학생들보다 신체 활동량이
적었다. 이는 아침식사를 거르는 사람들이 비만이 되고 콜레스테롤
수치가 높아질 가능성이 더 큰 이유 중 하나로 작용한다.

🏛 실제 활용하기

아침식사의 중요성을 아이들에게 가르치는 것은 중요하다. 이 부분을 아이들의 자율에 맡기면 많은 아이가 아침을 거르거나 포도당을 함유한 음료로 대충 때우고 싶은 유혹에 빠질 것이다. 그 경우 학업에 심각한 영향을 초래할 수도 있다. 실제로 11세 아이들을 대상으로 한 연구에서는 **아침식사를 한 학생들이 아침을 먹지 않은 학생들보다 시험에서 평균 이상의 점수를 받을 확률이 두 배 더 높다**는 사실이 밝혀지기도 했다.

경우에 따라서는 학교에서 전교생에게 혹은 일부 학생들에게 아침을 제공할 수도 있을 것이다. 이 연구를 수행한 저자들은 다음과 같이 지적한다. "본 연구는 시리얼과 우유로 아침을 챙겨먹는 것이 학령기 아이들의 인지능력에 긍정적인 영향을 미칠 수 있으며, 그 영향은 특히 정오에 가까워질 무렵 가장 현격히 나타난다는 명확한 증거를 제시한다."

36

능력별 학급 편성은
누구에게 도움이 될까?

 흥미로운 실험

많은 학교가 능력별로 반을 편성하는 '우열반' 제도를 운영한다. 우열반 편성은 상위, 중위, 하위 학급에 편성된 학생들에게 각각 어떤 영향을 미칠까? 연구자들은 영국 전역에서 학생 1만 9,000명을 선별해 5세부터 지속적으로 관찰한 뒤 우열반 편성의 영향을 조사했다.

📈 밝혀진 사실!

연구 결과, 수학, 과학, 읽기, 쓰기의 4가지 영역에서 다음과 같은 경향이 나타났다.

1 중위 학급에 편성된 학생들은 우열반 편성이 없는 경우보다 성적이 낮았다.

2 하위 학급에 편성된 학생들은 우열반 편성이 없는 경우보다 성적이 낮았다. 이 영향은 특히 수학 과목에서 가장 뚜렷하게 나타났다.

3 상위 학급에 편성된 학생들은 우열반 편성이 없는 경우보다 성적이 높았다.

우열반은 상위 학급에 편성된 학생들에게는 도움이 되지만, 중위 학급이나 하위 학급 학생들에게는 대단히 안 좋은 영향을 끼친다.

우열반은 영국의 많은 학교에서 여전히 널리 시행되고 있다. 최근의 연구에 따르면 웨일스 지역 학교의 19.5퍼센트, 잉글랜드 학교의 15.6퍼센트, 스코틀랜드 학교의 15.6퍼센트, 북아일랜드 학교의 11.2퍼센트가 우열반 제도를 두고 있다.

예전에는 어떤 유형의 학생들이 학습능력 부진으로 하위 학급에 편성될 가능성이 높은지가 이 분야 연구의 단골 주제였다. 그 원인으로 지목된 요인들은 동급생 중에서 생일이 늦거나 가정의 사회·경제적 수준이 낮거나 성별이 남자이거나 소수인종이거나 하는 것들이었다.

이와 비슷한 결과가 나온 어느 연구에서는, 십대 초반 학생들의 수학성적 변화를 지속적으로 관찰한 끝에, 수학 과목이 부진한 학생들에게는 구성원들의 실력이 다양하게 섞인 환경이 가장 유리하며, 그런 반편성은 실력이 뛰어난 학생들에게도 해가 되지 않는다는 사실이 밝혀지기도 했다. 이 연구의 저자들은 이렇게 설명한다. **"우열반은 실력이 뛰어난 학생들에게는 득이 되지만 중위나 하위에 속하는 학생들은 더 뛰어난 학생들과 함께 공부할 기회 자체가 박탈되기 때문에 더 불리하다. 그리고 우열반은 상위 학생들과 하위 학생들 간의 성적 격차를 더 크게 벌려놓는다."**

🏛 실제 활용하기

우열반의 학급에 따라 다른 기대치가 어떤 영향을 미치는지도 3가지 측면에서 조사됐다. 첫째, 학생들은 열등한 반에 편성되면 자기충족적 예언이 발동해서 공부에 흥미를 잃고 그 결과 성적이 나빠질 수 있다. 둘째, 교사들은 학생들에 대한 기대치가 낮을 경우 학생들의 도전의식을 자극하는 문제를 제시하지 않는 경향을 보였다(학습과학 07). 그렇게 되면 학생들은 상위권 학생들과는 다른 내용을 배우게 되고, 자기 수준에 맞게 난이도를 낮춘 시험을 보게 된다. 그 결과 이 학생들은 갈수록 더 뒤떨어진다. 셋째, 열등반 학생의 부모는 자녀를 상급학교에 진학시키겠다는 열의와 기대가 낮은 경우가 많았다. 따라서 학교에서 능력에 따른 반편성을 할 경우에는 자녀교육에 대한 부모의 태도에 부정적인 영향을 미치지 않도록 시간과 노력을 들여 신중하게 고려할 필요가 있다.

37

학습회복력은
어떻게 개발할 수 있을까?

 흥미로운 실험

사고관점과 동기 분야에서 가장 덜 알려진 개념 중 하나로 학습회복력
(academic buoyancy)이라는 것이 있다. 이와 유사한 개념인 회복
탄력성(resilience)은 스트레스가 큰 상황을 극복하는 능력을 뜻하는
반면, 학습회복력은 학교에서 맞닥뜨리는 일상의 도전적 상황을 극복
하는 능력이다. 여기서 도전적 상황이란 숙제를 제대로 해내지 못하거
나 마감시한의 부담감 속에서 과제를 완수하는 것 등을 예로 들 수 있
다. 이 능력은 교육심리학에서 중요한 의미를 지닌다.

　　연구자들은 학습회복력의 핵심 요소는 무엇이며 이 능력을 어떻
게 개발할 수 있는지를 알아보았다. 이 연구는 아이들이 학교생활을 잘
할 수 있게 돕는 데 관심이 있는 부모나 교사라면 꼭 알아두어야 할 내
용이다.

📈 밝혀진 사실!

연구자들은 학습회복력의 구성요소 5가지를 다음과 같이 5C로 정리했다. 각 구성요소는 학생들이 일상적인 학교생활에서 부딪히는 도전적인 상황을 극복하는 데 도움이 된다.

1 **자신감(Confidence)**
열심히 노력하면 주어진 과제를 성공적으로 완수해낼 수 있다는 믿음

2 **조정(Co-ordination)**
공부를 미루지 않도록 잘 계획하고, 준비하고, 시간을 잘 관리함

3 **전념(Commitment)**
높은 회복탄력성, 결단력, 인내력

4 **평정심(Composure)**
긴장·불안·스트레스를 관리하는 능력

5 **통제(Control)**
중요한 것과 스스로 통제할 수 있는 부분에 초점을 맞추는 능력

학습회복력의 5가지 구성요소는 남학생과 여학생, 저학년과 고학년 학생 모두에게 적용된다는 사실도 연구를 통해 밝혀졌다.

🔍 관련 연구

학습회복력은 비교적 새로운 연구주제이다. 학습회복력과 관련이 있는 요소, 예컨대 자기조절, 성장관점, 메타인지 등 대다수가 긍정적인 영향을 미치는 요인이기 때문에(학습과학 61), 학습회복력도 긍정적인 개념으로 받아들일 이유가 충분하다. 학습회복력과 비슷하면서도 명확히 구분되는 개념인 회복탄력성에 관한 연구는 지금껏 아주 활발히 진행되어왔다. 회복탄력성을 키우는 방법으로는 높은 수준의 도전적인 목표와 확실한 지원 제공, 각자에게 도움이 되는 자기대화 유도, 성공의 원인을 내적 요인으로 돌리는 것 등이 있다(학습과학 12, 학습과학 39).

이 주제를 다룬 흥미로운 어느 연구에서는, **여학생들의 불안지수가 특히 높고, 학업 면에서도 어려움을 더 많이 겪는 것으로 드러났다.** 나이와 관련해서는 **십대 초반의 시기가 학습동기와 감정이 크게 요동치기 때문에 특히 힘든 것으로 밝혀졌다.**

🏛 실제 활용하기

연구진은 위 연구결과를 교사와 부모가 활용할 수 있도록 명확하고 간결하게 분석해 다음과 같이 진술한다.

"자기유능감(self-efficacy)(자신감)을 키우려면 성공의 기회가 극대화되도록 학습을 재구성하고, 가능한 범위 내에서 과업을 개별화하고, 아이 스스로 자신에 대한 부정적인 생각을 완화하고, 목표를 효과적으로 설정하는 능력을 키우는 등의 과정이 필요하다. 자기 조절과 목표 설정 과정은 계획하고(조정) 끈기 있게 추구하는(전념) 능력을 향상시키는 토대가 되기도 한다."

목표 설정과 관련해서는, **아이들이 효과적인 목표를 세울 수 있게 돕고, 그 목표를 달성하기 위해 어떻게 노력해야 하는지 알려주면 아이들은 끈기 있게 노력한다.** 그러려면 시간을 더욱 효율적으로 사용하고, 중요한 일을 우선 처리하고, 과제·숙제·교육과정의 일부로 반드시 수행해야 할 일들을 확실히 알아두고, 과제 완수 여부를 확인하는 전략을 세워둘 필요가 있다.

한편 통제와 관련해서, 관련 연구들은 노력과 효과적인 전략이 어떻게 통제력을 높일 수 있는지를 아이들에게 보여주어야 한다고 설명한다. 또 **효과적이고 일관된 방식으로 피드백을 제공하고, 과제에 초점을 맞춘 조언을 제공하면서 개선 방향을 명확히 설명하는 방법으로도 통제력을 키워줄 수 있다.**

38

나에 대한 타인의 관심,
의외로 작아!

 흥미로운 실험

"남들이 당신에게 얼마나 관심이 없는지를 깨닫는다면, 남들이 당신을 어떻게 생각할까 걱정할 일도 줄어들 것이다."라는 말이 있다. 스트레스나 큰 부담을 느낄 때는 다른 사람들이 나를 쳐다보고 있는 것처럼 느껴지곤 한다. 그런 기분은 실제일까, 아니면 스스로 만들어낸 잘못된 인식일까?

　조명효과(spotlight effect)는 자신의 용모나 행동에 대한 남들의 관심을 과대평가하는 경향을 설명하는 용어이다. 코넬대학교의 연구자들은 조명효과가 학생들에게 어떤 영향을 미치는지 알아보고자 2000년에 특이하고 재밌는 실험을 몇 가지 진행했다.

📈 밝혀진 사실!

1   어느 실험에서는 참가자들에게 남들 앞에서 입기에 창피한 티셔츠를 입고 강의를 듣게 했다. 참가자들은 강의를 함께 듣는 학생들 중 절반 가까이가 자기가 입은 티셔츠에 신경을 쓸 것이라고 예상했다. 하지만 실제로 그 티셔츠에 눈길을 준 학생들은 4분의 1 이하였다.

2   조명효과는 모든 참가자에게 똑같은 영향을 미쳤다. 남녀 차이는 없었다.

3   조명효과는 단순히 창피함을 느끼는 것 이외의 상황에도 영향을 미쳤다. 실험 참가자들은 사람들이 좋아하거나 우러러보는 인물의 사진이 박힌 티셔츠를 입을 때도 마찬가지로 남들의 시선을 크게 의식했다.

4   조명효과는 **외모와 관련된 측면뿐만 아니라 사회적인 상황에서도 관찰됐으며, 긍정적으로든 부정적으로든 모두 영향을 미쳤다.** 학생들은 같은 전공을 배우는 친구들이 자신의 재미있는 면뿐만 아니라 불쾌하고 거슬리는 면도 많이 기억할 것이라고 생각했지만, 실제로 남들이 기억하는 정도는 훨씬 적었다.

사람들이 자신의 행동을 지나치게 중요하게 생각하는 경향이 있다
는 사실도 다른 연구들로 밝혀졌다. 가령 한 연구는 사람들이 그룹과
제를 수행할 때 자신의 기여도를 줄곧 과대평가한다는 사실을 입증
했다. 또 다른 연구는 자신의 현실 인식이 주관적이기보다는 객관적
이라고 생각하는 경향이 있음을 확인했다. 더욱이 남들이 자신과 똑
같이 인식할 것이라고 생각한다는 사실도 밝혀졌다. 이 3가지 요소가
결합하면 동일한 사건을 두 사람이 서로 다르게 해석하는 다양한 현
상이 나타날 수 있다.

위에 언급된 연구 대부분은 아동을 대상으로 했으며 '마음이론
(theory of mind, 마음과 행동이 어떤 관계에 있는지 이해하고 무의식적으로 타
인의 감정과 의도를 알아내는 능력—옮긴이)'이라는 명칭이 붙었다. 마음이론
은 타인이 자신과는 다른 믿음, 지식, 의도를 가지고 있다는 사실을
이해하는 것이 얼마나 어려운 일인지 설명한다. 이 연구는 기존에 밝
혀진 사실을 (a) 연령이 더 높은 아이들에게 적용하고 (b) 사회적인
요소를 덧붙임으로써 마음이론에 관한 이해의 기반을 넓혔다.

🏛 실제 활용하기

이 연구의 저자들은 "사람들은 자신에게 쏟아지는 사회적인 스포트라이트를 실제보다 더 밝게 보는 듯하다."라고 말한다. 그리고 이런 현상이 미치는 영향에 대해서 이렇게 설명한다. "사람들은 거부당할까봐 두려워하거나 남들 눈에 어떻게 비칠 것인가를 염려하느라 남들에게 잘 다가서지 못한다. 이를테면 춤을 추거나 노래를 부르거나 악기를 연주하거나 소프트볼 게임을 해볼 기회가 있더라도 남에게 안 좋은 모습을 보이게 될까 두려워서 선뜻 나서지 못한다." 학교생활 중에는 궁금한 것이 있어도 혹시 남들 눈에 바보처럼 비칠까봐 좀처럼 질문을 못하고, 탈락될까 두려워 연극 오디션 참가를 포기하고, 많은 사람 앞에서 이야기해야 할 때 친구들에게 창피한 모습을 보일까봐 잔뜩 긴장하는 등의 상황이 쉽게 나타날 수 있다.

연구진은 이 논문을 다음과 같은 말로 마무리한다. "본 연구는 이런 두려움이 대부분 부적절하거나 과장된 것일지 모른다는 사실을 시사한다. 다른 사람들이 우리의 단점을 알아채거나 기억할 가능성은 우리가 일반적으로 생각하는 것보다 훨씬 미미할지 모른다." 이와 관련해 교사들이 학생들에게 도움을 줄 방법이 있다. **교사들은 조명효과가 모든 사람이 겪는 현상이라고 설명하고, 실수를 하더라도 놀림을 받거나 조롱당하지 않는 문화를 만듦으로써 학생들이 걱정을 덜고 조명효과를 극복하도록 도울 수 있다.**

39

회복탄력성을 키우는
최선의 방법

 흥미로운 실험

교사, 학교, 정책입안자, 부모 사이에서 청소년의 회복탄력성(resil-ience)을 키울 최선의 방법에 대한 관심이 높아지고 있다. 사회적 불확실성이 갈수록 커지고 청소년들이 삶의 부담감을 더 많이 느끼면서, 회복탄력성은 아주 중요한 영역으로 자리매김했다. 그런데 어떻게 해야 회복탄력성을 키울 수 있을까? 이에 관한 연구결과와 증거를 토대로 만든 회복탄력성 프로그램은 어떤 방식으로 구성될까? 연구자들은 최근에 기존의 연구를 검토해서 가장 포괄적인 제안을 내놓았다.

📈 밝혀진 사실!

회복탄력성을 개발하고 향상시키는 프로그램은 개인적 자질, 촉진적 환경, 도전의식의 3가지 영역에 초점을 맞춰야 한다.

1   개인적 자질

아래 항목을 포함하지만 여기에 국한되지는 않는다.

- **높은 개인적 기준**
- **낙관주의**
- **경쟁력**
- **내적 동기**

- **자신감**
- **자기대화**
- **중요한 것과 스스로 통제할 수 있는 것에 초점을 맞추기**

2   촉진적 환경

높은 수준의 도전과 지원이 모두 확실하게 제공되어야 한다.

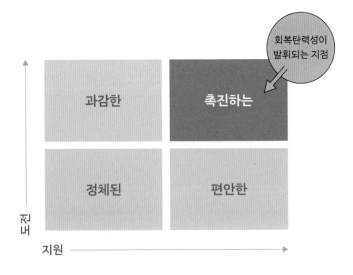

3 도전의식

상황을 위협이 아닌 도전으로 보는 것으로, 다음과 같은 방법을 통해 달성할 수 있다.

- 얻고자 하는 것에 집중하기
- "내가 지금 무엇을 할 수 있을까?"를 생각하기
- 최악의 상황을 상상하지 않기
- "당연히 해야 한다, 반드시 해야 한다."는 식의 표현을 자제하기
- 긍정적이고 유익한 생각에 집중하기

🔍 관련 연구

본 연구진은 회복탄력성 분야의 연구를 이끄는 저명한 학자들이다. 이들의 대표적인 연구 중에는 올림픽 금메달리스트들이 어떻게 회복탄력성을 키웠는지를 탐색한 흥미로운 연구도 있다. 그 연구에서는 **자신의 결정을 희생이 아닌 적극적인 선택으로 보고, 실패와 좌절을 성장의 기회로 받아들이는 운동선수들이 회복탄력성이 더 크다**는 사실이 밝혀졌다.

올림픽 메달리스트들이 활용한 그 밖의 전략으로는 주위에서 제공하는 도움의 손길을 받아들이고, 성공의 동기를 정확히 밝히고, 단순히 최종 성적에서만이 아니라 다양한 측면에서 자신감을 끌어내는 것 등이 있었다. 연구자들은 직장에서의 회복탄력성도 이와 비슷하다는 사실을 발견했다.

🏛 실제 활용하기

심리학적 개입법들이 흔히 그렇듯, 중요한 것은 '무엇'이 아니라 '어떻게'이다. **회복탄력성을 키워주려면 아이가 벌을 받는다고 느끼거나 자신이 부족하기 때문이라고 생각하지 않고 편안하게 받아들일 수 있도록 설명해야 한다.** 연구진은 다음과 같이 언급하면서 잠재적인 해결책을 제시한다.

> "회복탄력성을 오해하는 경우가 있으므로, 이에 관한 교육은 어떤 것이 회복탄력성이고 회복탄력성이 아닌지를 설명하는 것부터 시작해야 한다. 스트레스에 취약하거나 힘든 상황에 적절히 대처하지 못하는 것을 약점으로 인식할 필요가 없음을 강조하도록 한다. 이 주제를 터놓고 논의할 수 있게 되었다는 것은 부담과 압박감을 견뎌내고 있으며 앞으로 더 잘 대처할 것이라는 긍정적인 변화의 시작이자 힘이 생겼다는 신호이다."

일단 위와 같이 하고 난 후에는 "압박감을 견디는 능력을 향상시키기 위해 3가지 영역, 즉 개인적 자질, 촉진적 환경, 도전의식이 적절히 마련되어야 한다."라고 저자들은 말한다. 이런 다중적인 접근법은 개개인의 능력과 교실 분위기, 각자의 사고관점이 모두 회복탄력성 개발에 도움이 되게 한다. 이렇게 되면, 학생들은 학교 안에서든 밖에서든 잘 지내는 데 필요한 중요한 능력과 성품을 키울 수 있다.

40

휴대전화가
수면에 끼치는 영향

 흥미로운 실험

휴대전화와 태블릿 PC를 잠자리에 들기 직전까지 사용하거나 침대에
누운 뒤에도 휴대전화를 손에서 놓지 않는 사람이 많다. 흔히 '수면 호
르몬'으로 불리는 멜라토닌(melatonin)은 밤이 되어 어두워지면 분
비돼서 졸리게 만든다. 그런데 이 전자기기에서 나오는 불빛 때문에 혹
시 뇌가 밤을 낮으로 착각하는 통에 멜라토닌이 제대로 분비되지 못하
는 건 아닐까?

📈 밝혀진 사실!

밤에 아이패드를 1시간 동안 사용하는 것은 멜라토닌 분비량에 영향을 미치지 않았다.

다만 연구자들은 "잠들기 전에 스스로 빛을 내는 전자기기를 사용하면 멜라토닌이 억제되지 않더라도 수면에 지장을 줄 수 있다. 전자기기를 사용하는 활동 자체가 정신을 또렷하게 만들거나 스트레스 자극 역할을 해서 수면장애를 초래할 수 있음은 분명하다."라고 지적한다.

잠들기 전에 아이패드를 2시간 동안 봤을 때는 멜라토닌 분비량이 20퍼센트 감소했다.

따라서 연구자들은 "휴대용 전자기기를 밤에 사용할 때는 멜라토닌 분비의 억제를 최소화하기 위해 전자기기의 밝기를 최대한 낮추고, 잠자리에 들기 전에는 사용 시간을 제한하라."라고 조언한다.

🔍 관련 연구

최근 연구에 따르면 현재 전 세계적으로 사람 수보다 휴대전화의 수가 더 많다고 한다. 설문조사 결과 응답자의 81퍼센트가 잠을 잘 때도 휴대전화를 끄지 않는다고 답했다. 사람들이 하루에 휴대전화를 평균 85회 확인한다는 사실도 밝혀졌는데, 이 실험에 참여한 사람들은 자기가 얼마나 자주 휴대전화를 들여다보는지 인식하지 못하고 있었다.

전자기기와 수면의 관련성을 조사한 연구는 점점 더 많이 발표되고 있다. 한 연구에서는 잠들기 전 1시간 이내에 휴대전화를 사용하는 사람은 수면시간이 5시간 미만일 가능성이 3배 가까이 더 높다는 사실이 확인되기도 했다. 물론 **잠자리에서는 휴대전화를 사용하지 않는 것이 가장 좋지만, 만일 사용한다면 밝기를 낮추고 휴대전화를 얼굴에서 30센티미터 이상 떨어뜨려 놓고 보면 부정적인 영향을 최소화할 수 있다**는 사실이 또 다른 연구에서 밝혀졌다.

휴대전화를 이용해서 하는 활동도 수면의 양과 질에 영향을 미친다. 소셜미디어(SNS)에 매달려 있거나 문자메시지를 끊임없이 주고받으면 스트레스가 높아지고 면역력이 낮아지는 것으로 밝혀졌다. 만일 잠들기 전에 휴대전화를 사용할 거라면, 마음을 안정시키고 차분하게 해주고 긴장을 풀 무언가를 할 것을 권한다.

🏛 실제 활용하기

잠들기 전에 전자기기를 사용하는 것은 '학교 밖 활동'에 해당되므로 교사들이 어떻게 할 수 있는 영역은 아니다. 하지만 소셜미디어로 인한 스트레스나 수면부족이 다음 날 학교에서의 생각, 기분, 행동에 그처럼 큰 영향을 준다면, 이런 문제가 학교 안으로도 번지는 것은 분명하다.

연구진은 위 연구결과를 설명하면서 다음과 같은 의견을 넌지시 덧붙인다. "이미 '올빼미족' 생활방식에 젖어 있는 중고등학교 청소년들을 생각하면 특히 염려스럽다." 그러므로 **교사들과 부모들은 아이에게 늦은 밤에 전자기기를 사용하는 것에 따른 위험을 확실하게 인지시키고, 이것이 심신의 건강과 학업, 시험성적에 어떤 결과를 불러오는지 대화를 통해 알려줘야 한다.**

41

그림과 글로
함께 공부할 때

 흥미로운 실험

글로만 된 자료, 그림으로만 된 자료, 글을 먼저 제시하고 나서 그림을
제시하는 자료, 그림과 글을 함께 제시하는 자료 중 어떤 것으로 공부
할 때 효과가 가장 클까? 이를 알아보기 위해 연구자들이 조사에 나섰
다. 연구진은 두 차례의 실험을 했고, 학생들이 위의 각기 다른 자료를
이용해서 자전거 펌프의 작동 원리를 배우게 했다. 이후 학생들은 문제
풀이 시험과 배운 내용을 기억해서 답하는 구두시험을 봤다.

📈 밝혀진 사실!

글과 그림이 함께 있는 자료로 공부할 때 학습효율이 가장 높았다.
특히 문제풀이 시험에서 이 학생들은 다음과 같은 결과를 냈다.

- 글로만 된 자료로 공부한 학생들보다 정답을 2배 이상 많이 맞혔다.
- 그림으로만 된 자료로 공부한 학생들보다 정답을 50퍼센트 이상 많이 맞혔다.
- 글을 읽고 나서 그림을 본 학생들보다 정답을 50퍼센트 정도 많이 맞혔다.

글과 그림이 함께 있는 자료로 공부하는 것은 학습한 내용을 떠올려서 말로 설명하는 데는 도움이 안 됐다. 하지만 이 지식을 다른 문제, 상황, 질문에 적용해야 할 때는 차이가 났다.

🔍 관련 연구

이 연구는 '이중부호화(dual-coding)'라고 알려진 암기전략을 뒷받침한다. 연구진은 "이 이론은 학습자들이 시각적·언어적으로 두 번에 걸쳐서 부호화하면 기억 속에서 정보를 찾는 방법이 2가지가 생기기 때문에 해당 내용을 더 잘 기억하고 옮길 것이라고 예측한다."라고 설명한다.

학생들이 글과 그림을 모두 사용해서 공부하면, 관련 내용을 시각적·언어적으로 표현하면서 그 둘 사이의 연결을 강화하게 된다. 이런 과정을 통해 정보는 장기기억에 더 단단히 기억된다.

이중부호화에 관한 연구들은 **이중부호화가 초등학교에서 대학교 학생들까지 모든 연령층의 암기능력과 학습능력을 향상시킨다**는 사실을 확인했다. 더욱이 이 효과는 실험실 환경과 실생활 환경(학교)에서 모두, 그리고 다양한 피험자 집단에 두루 적용됐다.

🏛 실제 활용하기

대부분의 학생이 수많은 정보를 기억하기 위해 다양한 기술을 활용한다. 그중에는 노트필기를 하고 마인드맵을 작성하는 것도 포함된다. 이 연구와 이중부호화 이론에 따르면 그런 기술들은 불완전한 전략일 수도 있다. 연구진은 "글과 그림을 모두 사용해서 가르치더라도, 2가지 기법을 연계하지 않고 따로따로 제시하면 동영상을 보여주면서 동시에 말로 설명을 덧붙이는 것보다 훨씬 덜 효과적인 것으로 확인됐다."라고 말한다. 따라서 **그림과 글을 순차적으로 제시하는 것보다는 동시에 제시하는 것이 훨씬 유용한 전략임이 분명하다.**

이중부호화를 활용하는 좋은 출발점은 시각자료를 어떻게 글로 설명할 것인지, 혹은 글의 핵심 내용을 어떻게 시각자료로 효과적으로 표현할 것인지를 생각해보는 것이다. 그러기 위해서는 글의 주제에 가장 잘 어울리는 시각자료의 유형을 잘 알아야 한다. 글의 설명과 시각자료가 적절히 어우러질수록 더 깊이 있게 이해하고 기억에 오래 남을 가능성이 크다.

42

친구를 가르칠 때
가장 많이 배운다?

 흥미로운 실험

배우고 익히는 데 최적의 상황은 무엇일까? 시험을 보겠다고 말하면 학생들이 더 열심히 공부할까? 아니면 교과내용을 다른 친구에게 가르쳐줘야 한다고 말하는 방법이 더 효과적일까?

위 연구주제에 대한 답을 찾기 위해 연구진은 학생 100명을 두 집단(남을 가르치는 집단과 시험에 대비해 공부하는 집단)으로 나누고 두 차례에 걸쳐 실험을 진행했다. 그런 다음 무엇을 암기했는지, 얼마나 많이 암기했는지, 시험을 얼마나 잘 봤는지를 측정했다.

📈 밝혀진 사실!

1 다른 친구에게 가르쳐줘야 한다는 말을 들은 학생들은 시험을 볼 거라는 말을 들은 학생들보다 배운 내용을 더 많이, 더 능률적으로 암기했다.

2 다른 친구에게 가르쳐줘야 한다는 말을 들은 학생들은 시험에 대비해 공부한 학생들보다 기말시험 성적이 12퍼센트 더 높았다.

3 다른 친구에게 가르쳐줘야 한다는 말을 들은 학생들은 학습내용을 더 많이 암기하고 시험을 더 잘 보았을 뿐 아니라, 중요한 정보와 핵심 주제를 더 잘 기억했다.

교과내용을 다른 친구에게 가르쳐주면서 더 많이 배운다는 사실은 여러 연구로 입증됐다. 학계에서는 이런 현상을 '프로테제 효과(protégé effect)'라고 부른다. 하지만 모든 연구에서 이 효과가 관찰된 것은 아니라는 사실도 알아둘 필요가 있다. 다른 사람 앞에서 말해야 할 때 스트레스와 부담을 많이 느끼는 학생들도 있기 때문이다.

🏛️ 실제 활용하기

다른 친구에게 가르쳐줘야 한다고 들었지만, 결국 그럴 필요가 없었다는 사실을 나중에 학생들이 알게 된다면 어떻게 될까? 그렇게 되면 긍정적인 효과가 사라질까? 위 연구진은 이와 관련하여 별도의 연구를 진행했고 다음과 같은 해결 방안을 제안한다. 교사가 "너희들 중 적어도 한 명은 아이들 앞에서 가르쳐야 할 거야."라고 말하되 그게 누구일지는 알려주지 않는 것이다. 이렇게 되면 모든 학생이 어쩌면 자기가 지목될지도 모른다는 생각에 열심히 준비하게 된다. 이 방법은 학생들이 긴장을 늦추지 않고 더 열심히 공부하도록 자극한다.

연구진은 이렇게 말한다. "친구들 앞에서 가르쳐야 한다고 믿게 만드는 이 전략은 가정이나 학급에서 학습효율을 높일 수 있는 손쉬운 방법이다. 너무나 간단하고 대단한 준비가 필요하지도 않다." 그렇다면 이 방법은 왜 효과가 있는 걸까? 연구진은 다음과 같이 설명한다.

"친구들에게 가르쳐줘야 한다고 생각하는 학생들은 교사의 사고 관점을 갖게 되어, 흔히 가르칠 준비를 할 때 사용하는 효과적인 전략들, 가령 가르칠 부분에서 여러 다른 개념을 정리한 뒤 각각의 중요성을 따져보고, 핵심 내용에 중점을 두고, 정보 간에 어떻게 서로 연관되는지 생각해보는 방법 등을 활용한다."

남에게 가르쳐줘야 한다고 생각하면 중요한 정보를 분류하고 어려운 질문에 대한 답을 준비하는 과정을 통해, 자신이 아는 것과 모르는 것을 철저히 검토하게 된다. 그 밖에도 자기설명(자세하고 깊이 있게 알아보기)과 정교화 질문('왜 그럴까?'라고 스스로에게 묻기)도 위 방법이 학습효과를 높이는 이유로 꼽는다. 이 2가지 기법 모두 이해와 기억력을 높이는 효과가 있다고 흔히 일컬어진다.

43

전문성의 함정

 흥미로운 실험

많은 사람이 자신의 지식, 기술, 능력을 과대평가하는 경향이 있다. 사람은 자신이 어떤 분야에 정통하다고 생각하면, 그 분야의 지식을 과장할 가능성이 더 클까? 코넬대학교와 툴레인대학교의 연구자들은 이 질문의 답을 찾기 위해서 일련의 실험을 진행했다.

연구자들은 어떤 주제의 핵심용어를 정리한 목록을 실험 참가자들에게 배부하고, 그 용어들에 대해 얼마나 잘 아는지를 각자 평가해달라고 요청했다. 참가자들에게는 알리지 않았지만 사실 그 용어 중 일부는 실제 쓰이는 용어이고, 일부는 가짜로 만든 용어였다. 가령, 금융용어 목록 중에 '고정금리대출', '주택 자산' 같은 것들은 실제로 쓰이는 용어이지만, '사전평가주식', '연간신용' 같은 것들은 가짜로 만들어낸 용어였다.

📈 밝혀진 사실!

1　참가자들의 90퍼센트 이상은 가짜로 만들어낸 용어 중 일부에 대해서 최소한 어느 정도의 지식이 있다고 답했다.

2　쉬운 시험에서 좋은 점수를 받은 사람들은 자신이 해당 주제의 전문가라고 느꼈으며, 결과적으로 자기 지식을 과시할 가능성이 더 컸다.

3　자신을 전문가로 생각하는 경향이 클수록 관련 지식을 실제보다 더 많이 아는 것처럼 부풀릴 가능성도 컸다.

4　전문성을 과장하는 이런 현상은 과학, 지리학, 금융, 문학을 포함한 다양한 주제의 연구를 통해 확인됐다.

5　읽게 될 정보 중 일부는 가짜라는 경고를 실험 참가자들이 미리 들은 경우에도, 해당 분야의 지식을 실제보다 부풀려서 주장하는 사람들이 여전히 많았다.

사람들은 대체로 자신의 능력 수준을 그다지 정확하게 예측하지 못한다는 연구결과도 있다. 지금까지는 이와 관련된 연구가 초보자들 또는 주어진 과제를 수행할 능력이 별로 뛰어나지 않은 사람들의 사례에 초점을 맞추었다. 위와 같은 현상은 더닝-크루거 효과(Dunning-Kruger effect)라고 불린다(학습과학 18).

이 외에도 **전문지식과 권위에만 몰두해 있다 보면 때로는 잘못된 정보에 속아 넘어가기도 한다**는 연구결과도 있다. 과학적인 내용처럼 들리는 정보는 비록 그것이 틀린 내용이더라도 무조건 사실로 받아들이는 경향이 있다는 연구결과가 그 예다(학습과학 55).

최근의 한 연구는 전문가가 되는 것 이면에 도사리고 있는 함정을 조사했다. **자신을 전문가로 생각하는 사람들은 마음이 좁고 편협할 가능성이 컸다.** 이런 사람들은 상반된 증거가 나오더라도 맨 처음에 자신이 제시한 견해를 수정하지 않으려 든다. 이런 성향은 과거의 생각, 믿음, 행동을 일관되게 유지하고자 하는 과정에서 발생하는 일종의 확증편향(confirmation bias)이다(학습과학 45).

🏛 실제 활용하기

이 연구의 저자들은 전문성을 실제보다 과장하는 경향에 대해 다음과 같이 말한다. "이런 경향이 있으면 해당 분야의 지식과 견문을 넓히려는 마음이 사라질 수 있는데, 정통한 분야의 지식을 더 깊이 연마하는 것은 상당히 중요하다." 애플의 창업자인 스티브 잡스(Steve Jobs)는 "끊임없이 더 나아지도록 노력하라, 우직하게 꿈을 좇아라(stay hungry, stay foolish)."라는 말로 이를 넌지시 조언했다.

자신은 이미 통달했다고 생각할 경우 고정관점(fixed mindset)이 형성되어서 더 발전하고 향상될 기회를 찾지 않으려 할지도 모른다. 고정관점을 갖고 있는 아이들은 성적이 저조하고, 대처능력이 떨어지며, 정신건강도 좋지 않다(학습과학 68). 교사와 부모들은 학생들에게 도전적인 과제를 꾸준히 내주고, 정기적으로 또 구체적인 발달 단계에 초점을 맞추어 피드백을 해줌으로써 이런 현상을 방지할 수 있다. 연구자들의 말을 빌리자면 이런 조치는 "'무지'가 아니라 '지식에 대한 잘못된 생각'이라는 큰 위협"으로부터 학생들을 보호하는 데 도움이 된다.

44

공동 과제의
유익은 무엇일까?

 흥미로운 실험

1920년대에 독일의 심리학자 오토 쾰러(Otto Köhler)는 두 사람이 협동과업을 완수하는 경우에 둘 중 상대적으로 능력이 떨어지는 사람의 생산성이 증가한다는 사실을 발견했다. 이런 현상을 쾰러효과(Köhler effect)라고 한다. 예컨대, 산악인 2명이 서로 밧줄로 연결한 채로 등반하는 경우 이들은 둘 중 더 느린 사람의 이동 속도로만 움직일 수 있지만 그렇더라도 느린 사람이 혼자서 갈 때보다는 빠르다.

연구자들은 쾰러효과가 왜 나타나며, 어떻게 하면 쾰러효과를 최적화할 수 있는지 자세히 알아보기 위해 이 주제를 다룬 기존의 모든 연구결과를 검토했다.

📈 밝혀진 사실!

1 쾰러효과가 나타나는 이유는 다음과 같다.

둘 중 능력이 더 뛰어난 사람은 뒤처지는 사람에게 이런 영향을 미치기 때문이다.

- 더 열심히 노력해야겠다는 마음이 들게 한다.
- 가능한 범위 내에서 기준을 조금 더 높게 잡도록 만든다.
- 동료를 실망시키고 싶지 않다는 마음이 들게 한다.

2 쾰러효과가 가장 효과적으로 작용하는 때는 다음과 같다.

- 노력의 정도가 과업의 결과에 눈에 띄는 영향을 미칠 때
- 함께 작업하는 동료와 유대감을 느낄 때
- 동료도 열심히 노력하고 있음을 신뢰할 때
- 현재 수준과 노력 정도에 관한 피드백을 정기적으로 받을 때
- 두 사람의 능력 차이가 너무 크거나 너무 작지 않을 때
- 짝을 이룬 그 사람하고만 항상 작업하는 것이 아닐 때

최근의 한 연구에 의하면 실력이 낮은 수영선수들은 혼자서 수영할 때보다 팀을 이뤄 계영을 할 때 속도가 더 빨라지는 경향이 있다고 한다. 팀원들 중 실력이 뛰어난 선수는 혼자서 수영할 때와 비슷한 속도를 유지했다. 이런 현상은 실력 수준이 다양한 학생들이 섞여 있는 학급이 성적이 뒤처지는 학생들에게 유익한 이유를 설명하는 근거가 된다(학습과학 36).

퀄러효과를 '사회적 태만(social loafing)'과 혼동해서는 안 된다. 사회적 태만은 어떤 일을 수행하는 팀의 구성원 수가 늘면 혼자 일할 때보다 노력을 덜 들여 각 팀원의 수행 강도가 떨어지는 현상을 뜻한다. 퀄러효과와 사회적 태만 사이에는 중요한 차이점이 있다. **퀄러효과는 각 팀원이 얼마나 노력하는지를 확인할 수 있고 상대적으로 실력이 부족한 팀원의 수준이 높아질 때 나타난다.** 반면 각 팀원이 얼마나 노력하는지를 확인하기 힘들고 각자의 노력이 전체 결과에 미치는 영향도 불명확할 때는 사회적 태만이 나타나며, 그 결과 팀원들도 각자 노력을 덜 쏟게 된다.

🏛 실제 활용하기

교사가 실력이 뛰어난 학생과 뒤처지는 학생을 나란히 앉힐 때도 이와 비슷한 효과가 나타난다(학습효과 20). 교사들이 기대하는 것은, 그런 식으로 자리를 배치하면 뒤처지는 학생이 더 열심히 노력하고 성적도 더 좋아지리라는 것이다. 그런데 이 경우는 퀼러효과와는 약간 다르다. **퀼러효과는 학생들이 개별적인 과제를 수행하는 경우가 아니라 공동 과제를 수행하면서 각 구성원의 수행능력에 초점을 맞춘 개념**이기 때문이다. 그렇더라도 이 이론은 그룹과제와 두 사람이 짝을 지어서 수행하는 프레젠테이션에 모두 적용할 수 있다.

연구진은 이 이론을 교실 현장에 적용할 때 유념해야 할 점을 긍정적인 어조로 전하며 다음과 같이 결론을 맺는다.

"지금까지 정리한 연구논문 대부분은 실험을 위해 조성된 인위적인 조건에서, 실험을 위해 구성한 집단을 대상으로, 단기간에, 비교적 간단한 과제를 수행해서 얻은 것이었다. … 그런데 동기를 유발하는 퀼러효과가 이보다 일상적인 조건에서도 효력을 발휘한다는 증거가 갈수록 많이 나오고 있다. 앞으로 더 많은 연구가 있어야 하겠지만, 우리는 퀼러효과가 실험 조건 이외의 환경에서도 적용되어 구성원들의 의욕을 자극하는 성공적인 팀워크에 널리 활용될 것으로 기대한다."

45

자신의 노력을
높게 평가하는 이케아 효과

 흥미로운 실험

'이케아 효과(Ikea effect)'는 자신의 아이디어, 노력, 창작물을 다른 사람들이 낸 아이디어, 노력, 창작물보다 좋게 평가하는 현상을 설명하는 용어다. 스웨덴의 가구업체인 이케아(IKEA)의 이름을 딴 이 용어는, 본인의 아이디어에만 온통 빠져있고, 자신이 열심히 작업한 결과물을 다른 사람들이 낸 결과물보다 좋다고 치켜세우고, 자신의 노력을 과대평가하는 현상을 일컫는다.

하버드대학교 경영대학원, 툴레인대학교, 듀크대학교의 연구자들은 이케아 효과가 얼마나 널리 퍼져 있는지 알아보기 위해 몇 가지 실험을 진행했다.

📈 밝혀진 사실!

1   실험 참가자 중 절반은 이케아에서 나온 가구를 직접 조립했고, 나머지 절반은 이미 조립된 가구를 살펴보기만 했다. 그러고 나서 그 가구의 가격이 얼마일지 각자 예측했다. 자기가 직접 가구를 조립한 사람들은 가구의 가격을 63퍼센트 더 비싸게 매겼다.

2   직접 가구를 조립한 사람들은 그 가구가 마음에 든다고 답할 가능성이 더 컸다.

3   이런 결과는 직접 종이접기를 한 사람들과 다 완성된 종이접기 작품을 살펴보기만 한 사람들을 비교한 연구에서도 동일하게 나타났다. 살펴보기만 한 사람들보다 직접 종이접기를 한 사람들은 거의 다섯 배나 더 높은 가치를 매겼다.

4   자신이 만든 작품을 전문가가 만든 작품과 비교하는 실험에서도 참가자들은 열심히 노력해서 직접 만든 완성물의 가치를 전문가들이 만든 것과 비슷하게 매겼다.

5   마지막으로 이와 별개의 실험에서, 참가자들은 (a) 자신이 소유하거나 (b) 자신이 만든 레고 블록 장난감에 더 높은 가치를 매겼다.

🔍 관련 연구

이 주제는 심리학에서 비교적 새롭게 부상한 영역이어서 관련 연구가 아직 많지 않다. 따라서 여기서 밝혀진 결과들을 더욱 다양한 표본집단과 환경에서 반복 연구하고 검증해보면 좋을 것이다.

그나마 가장 관련이 깊은 연구들은 2가지 부류로 나뉜다. 먼저, **이케아 효과와 비슷한 심리학 연구 분야로는 '노력 정당화(effort justification)'가 있다. 어떤 집단에 입문하기가 힘들수록 더 많은 수의 구성원이 그 집단을 가치 있게 생각하는 경향이 있다**는 사실을 밝힌 연구이다. 이 결과를 통해 인간은 자신의 노력이 정당화되기를 바란다는 사실을 알 수 있다. 흥미롭게도 이 연구결과는 쥐와 새를 대상으로 한 반복 연구에서도 나타났다. 쥐와 새 둘 다 힘들게 얻은 먹이를 더 선호하는 것으로 확인됐다.

나머지 한 부류는 **'확증편향(confirmation bias)'에 관한 연구**이다. **확증편향은 자신의 신념과 일치하는 의견이나 사람을 선호하는 경향**을 뜻한다. 예전의 활동과의 일관성을 유지하려는 성향이 새로운 상황을 받아들이는 태도에 영향을 미친다는 것이다.

🏛 실제 활용하기

자신의 노력과 수고를 높게 평가하는 것에는 물론 아무 잘못이 없다. 문제는 자신이 보는 것과 남들이 보는 것의 시각 차이에서 생긴다. 연구자들은 집을 매물로 내놓았을 때를 예로 들며 이렇게 설명한다. "자신이 직접 집을 고친 부분(예를 들면, 벽돌을 하나하나 손수 놓아서 만든 통로)이 집의 가치를 크게 높였다고 생각할지 모르지만, 사실 집을 사려고 하는 사람의 눈에는 조잡하게 만든 통로일 뿐이다."

이런 현상은 사람들이 자기가 생각해낸 '기막힌 아이디어'를 쉽게 포기하지 못하는 이유를 이해하는 데 도움이 된다. 이런 사람들은 그 아이디어를 포기하고 더 좋은 아이디어를 생각해내야 하는데도 그 후로도 오랫동안 자신의 아이디어를 고집한다. 이는 도박꾼이 이미 많은 돈을 날리고 나서 돈을 더 쏟아붓는 것과도 비슷하다. 이런 현상은 자신이 제안한 것의 가치를 다른 사람들이 알아보지 못해서 좌절할 경우 더욱 악화된다. 회복탄력성(resilience)과 끈기(persistence)는 분명히 높이 사야 할 특성이다. 하지만 **인간에게는 자신의 아이디어, 자신이 만든 결과물, 자신의 노력을 더 중요하게 생각하는 경향이 있다**는 사실을 알고 그러한 경향이 어떤 가치를 갖는지 정확히 평가할 수 있다면, 모두의 시간과 돈을 절약하는 데 도움이 될 것이다.

46

자녀에 대한
부모의 믿음과 기대

 흥미로운 실험

수학 과목에 대해서는 아이들이 대체로 각자 뚜렷한 의견이 있다. 30여 년 전에 자녀의 수학 실력에 관한 부모의 믿음과 그 영향을 조사한 대단히 중요하고 흥미로운 연구가 진행됐다.

미시간대학교의 연구진은 10-15세 자녀와 그 부모들을 설문 조사했다. 연구진은 부모의 태도와 기대가 자녀에게 얼마나 큰 영향을 미치는지, 그리고 자녀의 성별에 따라 부모의 태도와 기대가 어떻게 달라지는지를 살폈다.

📈 밝혀진 사실!

1   미래의 성공에 대한 자녀의 생각은 부모의 생각과 기대에 크게
     좌우됐다. 자신에 대한 부모의 생각은 아이가 지금까지 받은 성
     적보다 큰 영향을 미쳤다. 기본적으로 아이들은 성적보다 부모
     의 의견을 더 신뢰했다.

2   부모 중에는 아버지보다 어머니의 태도와 믿음이 미치는 영향력
     이 더 컸다.

3   딸을 둔 부모는 아들을 둔 부모보다 수
     학이 자녀에게 어려운 과목이어서 더
     열심히 공부해야 할 것이라고 생각했
     다. 이런 믿음은 어머니와 아버지 모두
     에게서 동일하게 나타났다.

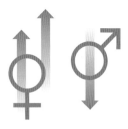

4   아들을 둔 부모는 딸을 둔 부모보다 수학 과목의 심화 단계를 더
     중요하다고 생각했다.

최근에는 부모의 어떤 태도와 행동이 학생들의 성적향상에 가장 도움이 되는지를 밝히는 데 연구의 초점이 맞춰졌다. 그중 **가장 중요한 요인은 학업에 관한 부모의 높은 기대**였다(학습과학 11). 그런 높은 기대에는 부모가 학교를 얼마나 중요하게 생각하는지를 비롯해 교사와 교육 전반에 대한 태도도 포함된다. 그 밖에 **자녀와 꾸준히 대화를 나누고, 좋은 독서습관이 형성되도록 돕고**(학습과학 54), **숙제와 여가 시간을 관리하는 명확한 원칙을 세우는 것도 학업성적 향상에 도움이 된다.**

부모와 교사에게는 여학생과 남학생의 학업성취도에 관한 무의식적인 편견이 있다는 사실도 과거 연구들로 밝혀졌다. 정규 교육과정에서 학년이 높아질수록 남학생들에 대한 기대가 더 높아진다는 사실도 다수의 연구를 통해 확인됐다. 실제로 한 연구는(학습과학 19) 부모들이 아들의 노력을 칭찬할 가능성이 딸의 노력을 칭찬할 가능성보다 두 배 이상 높다고 밝혔다. 또 다른 연구에서 여학생들은 남학생들과 똑같은 시간 동안 숙제를 하는데도 수학에서 더 분발해야 한다고 생각한다는 사실이 확인된 것도 이런 현상의 영향으로 설명할 수 있다.

🏛 실제 활용하기

연구진은 "부모의 믿음이 자녀의 수학 실력보다도 중요한 요인이다."라고 설명하면서, "부모가 딸이 이룬 성취는 열심히 노력했기 때문이고, 아들의 성취는 뛰어난 능력 때문이라고 여김으로써, 딸과 아들에게 학업성취의 요인을 서로 다른 것으로 돌리도록 가르치고 있는 것인지도 모른다."라고 지적한다.

다시 말해 부모가 "우리 아이는 수학적인 재능이 없다."라고 말할 때마다 아이는 자신의 수학 실력에 대한 믿음에 대단히 심각하고 부정적인 영향을 받을 수 있다. 따라서 **학생의 기대, 열망, 실력을 높이기 위해서는 교사가 부모와 긴밀히 협력하는 것이 효과적인 전략임을 알 수 있다.** 학부모 상담은 자녀가 학교 공부를 얼마나 잘 따라가고 있는지뿐만 아니라 부모에게 위와 같은 연구결과를 알려줌으로써 **부모의 언행이 자녀의 성적에 상당한 영향을 준다**는 사실을 알릴 수 있는 중요한 기회도 된다.

47

어떻게 해야
동기를 높일 수 있을까?

 흥미로운 실험

지극히 따분한 방식으로 진행되는 수업으로 새로운 주제를 배워야 할 경우, 학습동기를 높이는 데 가장 효과적인 방법은 무엇일까? 아이오와대학교와 오클라호마대학교의 연구자들은 이를 확인하기 위해 학생을 네 집단으로 나누어 실험을 진행했다. 1번 집단에는 열심히 노력해야 할 이유를 설명하지 않았다. 2번 집단에는 배운 내용에 관해 중요한 시험을 볼 것이라고 말했다. 3번 집단에는 열심히 노력하는 것이 학생의 '본분'이므로 열심히 듣고 배워야 한다고 말했다. 마지막으로 4번 집단에는 앞으로의 삶에 도움이 될 새로운 스킬(skill)을 익히는 것이라고 설명했다.

📈 밝혀진 사실!

미래에 필요한 새로운 스킬이라는 설명을 들은 4번 집단이 여러 측정 지표에서 좋은 성과를 기록했는데, 특히 다음과 같은 점에서 뛰어났다.

- 4번 집단의 학생들은 수업을 더 중요하게 평가했다. 몇몇 사례에서 그 차이는 나머지 세 집단보다 최고 25퍼센트나 컸다.

- 4번 집단의 학생들은 자기 결정의 수준이 높았다. 즉 나머지 집단보다 높은 내적 동기가 관찰됐다.

- 4번 집단의 학생들은 수업을 더 열심히 들을 가능성이 훨씬 컸다. 시험을 볼 것이라는 말을 듣거나 열심히 공부하는 것이 학생의 본분이라는 말을 듣거나 아무 이유를 듣지 못한 집단은 이들보다 노력을 훨씬 덜 기울였다.

노력 vs. 이유

🔍 관련 연구

학습동기를 유발하는 효과적인 방법에 관한 연구는 무수히 많다(학습과학 26, 학습과학 44). **학생들 각자가 무엇을 어떻게 공부할지에 대한 선택권이 어느 정도 있다고 느낄 때, 그리고 그것을 해야 하는 이유를 알고 있고, 양질의 피드백이 제공될 때 학습동기가 높아질 수 있음이** 어느 흥미로운 연구로 확인됐다. 다른 연구에서는 **각자 더 나아지고 있거나 새로운 것을 배우고 있다고 느낄 때 학습동기가 꾸준히 높게 유지된다**는 사실도 밝혀졌다.

동기를 높일 수 있는 그 밖의 방법은 목표 설정과 관련된 연구에서 밝혀졌다. 목표 설정이 적절하면, 즉 도전적이면서도 실현 가능하고 과정에 초점이 맞춰져 있다면, 학생들의 집중력, 수업 참여도, 도전적인 과업을 선택할 가능성을 키울 수 있다. 그 결과 초기의 성과가 개선되면서 선순환이 시작되어, 동기가 더 높아지고 더 나은 성과를 내게 된다.

🏛 실제 활용하기

모든 교사가 학습동기를 꾸준히 유지하기 힘든 일부 학생을 지도할 때 어려움을 겪는다. 동기는 학생에게 직접 불어넣을 수 있는 것이 아니라 학생 스스로 불러일으킬 수 있게 도와주는 것으로 보는 편이 옳다. 이 연구는 그것을 어떻게 실천할 수 있는가를 보여준다. 곧 있을 시험에 대비해야 한다고 강조하는 것도 물론 단기적으로 동기를 높일 수 있지만, 그런 방식의 동기부여는 장기간에 걸쳐 방대한 교과내용을 습득하는 과정에 필요한 내적 동기를 발달시키지는 못한다.

그런데 이 연구의 저자들은 "단순히 어떤 활동이 유용하다고 사람들에게 말하는 것만으로도 그들이 그 활동의 개인적인 가치를 알아볼 것이라고 결론을 내린다면 이는 우리의 연구결과를 왜곡하는 것이다."라고 지적한다. **학생들이 어떤 활동이 왜 중요한지를 이해하고, 그것으로 얻을 수 있는 직접적인 이득이 무엇이며, 자신의 목표를 달성하는 데 어떤 도움이 되는지를 알 수 있게 해주는 것이 학생들의 동기를 의미 있게 높일 수 있는 훨씬 효과적인 방법이다.**

48

수업 중 딴생각하는
시간은 몇 분?

 흥미로운 실험

교사들은 자신이 정성을 다해 아주 열심히 가르치고 있다고 느낄 것이다. 그런데 그런 수업을 학생들이 정말로 제대로 집중해서 듣고 있을까? 학생들이 얼마나 집중해 듣고 있는지를 교사가 확실히 알 수 있는 경우도 있지만, 그들이 멍하니 딴생각에 빠져 있더라도 때로는 알아채기가 힘들다. 그렇다면 수업 중에 학생들이 몽상에 잠기는 일이 얼마나 많으며, 그런 일이 언제 가장 많이 일어날까? 그리고 그에 따라 어떤 손실이 발생할까?

　　캐나다 워털루대학교의 연구자들은 12주로 구성된 한 학기 동안 학생 154명을 관찰했다. 이들은 강의 중 아무 때나 여러 차례에 걸쳐서, 학생들에게 자신의 집중도를 평가하고 직전에 어떤 생각을 하고 있었는지 적어달라고 요청했다. 이 조사 결과로 학생들의 수업 집중도에 관해 그때까지 잘 몰랐던 많은 사실이 알려졌다.

📈 밝혀진 사실!

1   학생들은 수업의 3분의 1에 해당하는 시간 동안은 수업에 집중
하지 못하고 다른 생각에 빠져 있었다. 수업시간의 14퍼센트는
의도치 않게 몽상에 빠져서 보냈고, 20퍼센트는 의식적으로 수
업내용 이외의 생각을 했다.

2   수업시간 50분 동안 집중도가 지속적으로 하락하는 것은 아니
었다. 흥미롭게도 수업시간을 4등분 했을 때 세 번째에 해당하는
시간이 네 번째 시간보다 집중도가 더 낮았다.

3   학생들은 월요일과 금요일에는 수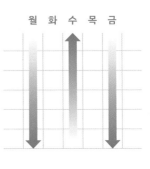
업시간에 딴생각에 빠질 가능성이
가장 컸다. 반면 수요일에는 수업
집중도가 가장 높았다. 연구자들은
그 이유가 다음 주에 해야 할 일에
대한 걱정이나 주말 계획에 마음이
쏠려서일 것으로 추측했다.

4   학생들은 학기말이 가까워질 무렵에는 수업에 집중을 못 한다고
답하는 경향을 보였다. 그 이유는 여러 가지가 있겠지만, 코앞에
닥친 시험에 대한 걱정과 시험을 망치면 어떤 일이 일어날까 하
는 생각에 마음을 빼앗긴 것도 원인일 수 있다.

5   예상대로 학생들이 몽상에 빠져 있었다고 답한 빈도가 높을수록
시험 성적은 그만큼 더 나빴다. 이것은 과거의 성적과 관계없이
모든 학생에게서 나타났다.

🔍 관련 연구

이 주제를 처음으로 다룬 연구 중 하나인 1970년대의 실험에서는, 교사가 종을 칠 때마다 학생들이 각자 어떤 생각을 하고 있었는지를 보고해야 했다. 놀랍게도 그 연구에서 학생들이 수업에 집중하지 않았다고 보고한 시간은 40년 뒤에 진행된 연구에서 확인된 시간과 동일했다. 이 두 실험 모두 학생들은 **수업시간의 33퍼센트에 해당하는 시간 동안 수업과 관계없는 생각에 빠져 있었다**고 보고했다.

다른 연구들에서도 학생들이 집중하지 못하고 잡념에 빠지는 정도가 이와 비슷하게 나타났다. 그리고 **수업을 시작한 지 30분이 지나면 집중도가 떨어지는 경향이 있음**도 확인됐다. 주의가 흐트러지는 시간을 줄이려면 어떤 방법을 써야 할까? **동기와 몽상에 빠지는 것 사이의 관계를 연구한 학자들은 동기가 높아지면 몽상에 잠기는 시간이 줄어들 거라고 예측하기도 했다.** 그들은 다음과 같이 설명한다.

"의도적으로 다른 생각에 빠지는 현상은, 교과활동에 대한 학생들의 동기나, 강의를 집중해서 들었을 때 얻게 되는 이득에 대한 인식을 높임으로써 줄일 수 있다. 학생의 학습동기를 높이는 방법 중 하나는 수업내용에 관한 간단한 시험을 보고, 그 결과를 성적에 반영하는 것이다."

🏛 실제 활용하기

교사들은 이 연구결과를 참고해서 어떤 변화를 꾀할 수 있을까? 위 연구진은 **학생들이 월요일과 금요일에 집중도가 더 떨어진다는 사실을 고려해서, "교과내용 중 제일 중요하거나 학습량이 많은 부분은 월요일과 금요일을 피해서 주중에 다루는 방법도 고려해볼 만하다."** 라고 제안한다.

중요도와 양에 맞춰서 교과 주제를 조절하는 것 외에도, 집중도 향상에 도움이 된다고 알려진 요인과 활동이 여러 가지 있다. 이를테면 꾸준히 숙면을 취하고, 매일 아침식사를 하고, 수분을 많이 섭취하고, 규칙적으로 운동을 하고, 수업시간에 필기를 하고(학습과학 32), 휴대전화 전원을 꺼두는 것 같은 방법이다. 이런 방법을 학생들에게 구체적으로 가르치면, 수업 집중도를 높이는 데 도움이 되는 다양한 전략을 활용할 수 있을 것이다.

49

휴대전화 사용과
성적의 관계

 흥미로운 실험

학교에서 학생들의 휴대전화 사용을 금지해야 할까? 모든 첨단기술이 그렇듯, 휴대전화 사용에도 장단점이 있다. 휴대전화를 쓰면 다른 사람들이나 아이디어와 연결될 수 있고 다양한 학습 애플리케이션을 활용할 수 있다. 그러나 소셜미디어(SNS)와 게임은 공부에 방해가 되기도 한다.

연구자들은 장기간에 걸쳐 증거를 수집하는 접근법으로, 휴대전화 금지규정의 영향을 다년간 조사했다. 이들은 휴대전화 금지규정이 있는 학교, 가벼운 수준의 금지규정을 둔 학교, 금지규정이 전혀 없는 학교들을 장기간 관찰했다. 그리고 영국의 중등교육자격시험(General Certificate of Secondary Education, GCSE) 성적에 어떤 영향이 있는지를 조사했다.

📊 밝혀진 사실!

1 휴대전화를 금지하는 학교에 다니는 학생들은 시험 성적이 평균 6.4퍼센트 상승했다.

2 이런 영향은 성적이 저조한 학생들에게서 가장 두드러지게 나타나서, 하위권 학생들의 경우 성적이 평균 14퍼센트나 상승했다.

3 상위권 학생들은 휴대전화 금지규정으로 인해 성적이 향상되지는 않았지만, 그 어떤 부정적인 영향도 나타나지 않았다.

4 휴대전화를 금지하는 학교에 다니는 학생들은 대다수가 GCSE 성적이 A+에서 C 사이인 과목이 다섯 과목 이상이었다.

5 가벼운 금지규정을 둔 학교에 다니는 학생들은 휴대전화를 철저히 금지하는 학교의 학생들만큼 성적이 많이 향상되지는 않았다.

6 휴대전화 사용을 금지해온 기간이 길수록 시험 성적이 오르는 폭도 컸다.

🔍 관련 연구

과도한 휴대전화 사용은 집중력 저하(학습과학 30), 따돌림에 대한 두려움 증가, 불안과 스트레스 증가, 기억력 저하 및 수면 방해(학습과학 40)와 관련이 있다고 알려져 있다. 학교의 교실환경과 관련해서, 첨단 과학기술이 실제로 많은 사람이 기대하는 것만큼 그렇게 대단한 효과를 내지는 못한다는 증거들이 있다. 가령 전자기기로 필기를 하는 학생들은 수업내용을 덜 기억하고 시험 성적도 더 나쁜 것으로 밝혀졌다(학습과학 72).

또 첨단 기기의 사용법에 관한 지침을 명확히 전달하더라도 학생들이 그 기기로 공부를 하기보다는 게임을 한다거나 인터넷 검색을 했다는 사례가 빈번히 보고된다. 그리고 다른 연구에서는 **휴대전화를 오래 사용할수록 성적이 나빠진다는 사실도 입증**됐다. 이런 결과는 성별이나 기존의 평균 성적에 관계없이 모든 학생에게서 동일하게 나타났다.

🏛 실제 활용하기

세계 곳곳의 학교들이 휴대전화 사용을 금지하기 시작했다. 그중에
는 프랑스, 미국, 영국의 학교도 있다. 위 연구결과는 그런 결정에 정
당성을 부여한다. 가령, 위 연구진은 다음과 같이 진술한다. "휴대전
화처럼 아주 많은 용도로 사용할 수 있는 기기는 주의를 흐트러뜨려
생산성에 부정적인 영향을 끼친다. **실제로 휴대전화 사용을 제한하는
학교들은 학생들의 시험 성적이 향상되는 결과를 경험하고 있다.**"

연구진은 또한 "올바르게 적절히 사용하기만 하면 유용한 학습
수단이 될 수도 있는 휴대전화의 가능성을 폄훼하는 것은 아니다."라
는 가벼운 당부의 말로 논문을 마무리한다. 하지만 적절한 사용에 대
한 구체적인 정의가 아직 명확하지 않다는 사실을 고려할 때, **휴대전
화 금지에 따른 부정적인 영향보다는 긍정적인 영향이 훨씬 더 크다**
고 말해도 무방할 것이다.

휴대전화 사용 금지정책은 분명 학생들과 부모들의 반대에 부딪
힐 것이다. 이에 반대하는 측이 흔히 내세우는 주장은 (a) 방과 후에
부모와 연락을 해야 하기 때문에 학생의 안전을 지키는 데 사용된다,
(b) 휴대전화는 21세기 일상생활의 일부로 자리 잡았기 때문에 학교
도 휴대전화 사용을 허용해야 마땅하다는 것이다. 첫째 주장에 대해
서는 수업이 끝난 뒤에 휴대전화를 사용하면 된다고 반박할 수 있고,
둘째 주장에 대해서는 전반적으로 휴대전화 사용이 더 나은 학습으로
이어지지 않는다고 반박할 수 있다.

50

짧은 산책이
집중력을 높인다

 흥미로운 실험

고대 그리스의 의사 히포크라테스(Hypocrates)는 "기분이 언짢을 때는 산책을 하라. 그러고 나서도 여전히 기분이 안 좋으면 산책을 한 번 더 하라."라고 말했다. 산책은 실제로 기분전환에 도움이 될까? 나중에 아주 어렵고 지루한 일을 해야 한다는 걸 알고 있을 때는 어떨까? '짧은 산책'으로 심리적인 효과를 얻으려면 최소한 어느 정도를 걸어야 할까?

아이오와주립대학교의 연구자 제프리 밀러(Jeffery Miller)와 즐라탄 크리잔(Zlatan Krizan)은 3가지 실험을 통해 이를 알아보았다.

📈 밝혀진 사실!

1   12분 동안 산책한 학생들은 같은 시간 동안 앉아서 사진을 본 학생들보다 기분이 훨씬 나아졌다(약 20퍼센트 개선). 개선된 감정에는 행복감, 주의집중력, 자신감이 포함됐다.

2   힘들고 지루한 과업을 앞두고 있던 학생들도 산책한 뒤로는 한결 가벼운 기분을 느꼈다. 앉아서 시간을 보낸 학생들은 그렇지 않았다.

3   5분 정도밖에 안 걸리는 아주 짧은 산책을 한 학생들도 산책으로 효과를 봤으며, 기분이 나아졌다고 답했다.

4   산책을 반드시 밖에서 하지 않더라도 산책의 효과가 있었다. 실내에서 짧게 산책을 한 학생들은 산책 이후 기분이 한결 나아졌다고 답했다. 반면 가만히 서 있거나 앉아 있던 학생들은 기분이 더 나빠졌다고 답했다.

🔍 관련 연구

신체활동의 여러 장점을 강조한 연구들이 최근 많이 발표되고 있다. 예를 들어 꾸준히 운동하는 사람은 스트레스가 심한 상황을 더 잘 견뎌냈으며, 운동한 날에는 정신이 더 또렷하고 집중이 더 잘된다고 응답했다는 사실이 관련 연구를 통해 밝혀졌다. 또 최근의 한 연구에서는 **수업 후에 최대 4시간까지 운동한 학생들이 운동을 하지 않은 학생들보다 수업시간에 배운 정보를 더 많이 기억해냈다.**

운동의 장기적인 효과도 이제는 널리 알려져 있다. **운동에는 인지기능 향상, 신체건강, 생기와 활력 증강을 포함한 다양한 장점이 있다.** 산책 장소도 중요하게 작용할 수 있는데, 자연환경에서 산책하면 도시에서보다 원기가 더 충만해진다는 증거도 최근에 나왔다(학습과학 59). 도시에서는 정신을 바짝 차려야 하기 때문에 산책이 주는 긍정적인 심리적 효과가 다소 떨어진다.

🏛 실제 활용하기

이와 같은 연구결과는 학생들의 기분 상태를 개선하는 데 유용하다. **교정을 둘러보거나 수업시간을 조금씩 나눠서 중간에 아주 잠깐이라 도 걷는 것이 도움이 된다**는 사실도 이런 연구결과가 근거가 된다. 그 런데 학생들은 왜 더 자주 산책하지 않는 걸까? 연구진은 이렇게 설 명한다. "사람들은 결과적으로 기분이 좋아지는 이점보다는 당장 그 순간에 감지되는 장벽(산책을 다녀오기 힘든 이유)에 초점을 맞추는 경향이 있다. 따라서 앉은 자리에서 일어나 잠시 산책하는 것이 기분 전환에 얼마나 도움이 되는지를 과소평가할 수도 있다."

이 연구결과는 더할 나위 없이 명확하다. "산책은 정서 상태에 강력하고 지속적인 영향을 미친다. 이런 이로운 효과가 학생들의 정 서적 행복과 성적을 높이는 데 활용되어야 마땅하다." 다행인 것은, 이런 효과를 얻기 위해 산책을 오랫동안 해야 할 필요는 없다는 것이 다. **단 5-10분 정도의 산책으로도 남은 하루를 기운차게 보낼 에너지 를 한껏 충전할 수 있다.**

51

스트레스,
피할 수 없으면 즐겨라

 흥미로운 실험

스트레스가 무조건 나쁘다는 견해는 근거 없는 믿음이다. 너무 많거나 너무 적으면 좋지 않다는 "골디락스 효과(Goldilocks Effect)"의 관점에서 스트레스를 바라보는 것이 아마도 더 정확할 것이다. 동기부여가 되기에 충분하면서도 유익한 행동에 방해가 되지 않을 정도의 스트레스가 있다면, 사고가 더 명확해지고 성과가 향상되기도 한다.

이에 관한 핵심은 아마도 스트레스를 각자 어떻게 이해하느냐에 달려 있을 것이다. 스트레스를 항상 나쁜 것으로 보는 사람이 있는가 하면, 잠재적인 이득을 가져다줄 요소로 보는 사람도 있다. 이것을 '스트레스 사고관점(stress mindset)', 즉 스트레스를 보는 관점이라고 부른다. 예일대학교의 연구진은 이와 같은 스트레스 사고관점이 실제로 존재하는지, 그리고 만일 그렇다면 어떤 영향력이 있는지 알아보기 위한 실험을 진행했다.

📈 밝혀진 사실!

1 사람들은 스트레스를 발전에 도움이 되는 요인 또는 성과를 저해하는 요인 중 하나로 받아들인다.

2 스트레스를 보는 관점, 즉 스트레스 사고관점은 개발할 수 있다. 그것이 어떤 도움을 주는지를 아는 것이 중요하다.

3 스트레스를 유익한 것으로 받아들이는 사람들은 다음과 같은 특징이 있다.

   • 기분이 더 좋고
   • 작업성과가 더 뛰어나고
   • 남들에게서 피드백을 구할 가능성이 크다

4 실험 참가자 중 스트레스 호르몬인 코르티솔(cortisol) 수치가 높았던 사람들의 경우 스트레스가 도움이 될 수도 있다는 믿음이 코르티솔 수치를 낮추는 효과가 있었다. 반면 코르티솔 수치가 낮았던 사람들은 이런 믿음이 코르티솔 수치를 높이는 효과가 있었다. 기본적으로 이런 믿음은 실험 참가자들이 스트레스 호르몬의 최적치(sweet spot)를 찾을 수 있게 도움을 주었다.

🔍 관련 연구

스트레스가 6가지 주요 사망 요인(심장병, 사고, 암, 간질환, 폐질환, 자살)에 영향을 미친다는 사실은 관련 연구들로 밝혀져 있다. 스트레스는 그밖에도 병가, 생산성 감소, 우울증, 전반적인 성과 저하와도 관련이 있다고 알려져 있다. 하지만 진화적인 측면에서 볼 때 스트레스가 생존에 중요한 역할을 해왔다는 사실도 알아둘 필요가 있다. **인류의 조상들은 압박감과 스트레스가 있었기 때문에 더 빨리 뛰고 더 빨리 생각해야 했다. 실제로 약간의 스트레스는 더 효과적으로 배우고 수행하는 데 도움이 되기도 한다**(학습과학 60).

스트레스의 이점은 그동안 두 가지(생리학적·심리학적) 관점에서 연구되어왔다. 생리학적 관점에서는 적정량의 스트레스가 세포의 복구를 돕는 특정 호르몬 분비를 유도해서 몸을 더 튼튼하고 건강하게 해준다는 증거가 있다. 또 **힘들고 어려운 시기를 겪으면서 삶의 의미가 더 깊어지고, 회복탄력성이 생기고, 균형 있고 새로운 시각을 갖게 되고, 인간관계가 더 좋아졌다는 사람들이 많다**는 사실도 여러 연구를 통해 밝혀졌다.

🏛 실제 활용하기

이 연구는 스트레스가 많을수록 좋다거나 스트레스의 부정적인 영향이 없다고 주장하는 것이 아니다. 연구진은 이렇게 지적한다. "이 연구에서 밝혀진 결과는 '스트레스는 사람들을 강하게 만든다'는 사고방식을 통해 건강이나 성과 향상 같은 긍정적인 결과를 얻을 수 있음을 보여준다."

이런 측면에서, 시험이나 발표가 다가오면서 아이들이 받는 스트레스 강도가 높아지는 시기에 교사와 부모는 아이들이 다음 3가지를 발전시키도록 뒷받침해야 한다. 첫째는 **아이들이 언제든 참고하고 활용할 수 있는 더 넓은 지식과 능력**이다. 무언가를 더 능숙하게 해낼 수 있게 되면 그것을 하면서 스트레스를 받는 경우가 그만큼 줄어든다. 둘째는 **스트레스 속에서도 최선의 모습과 태도를 유지하는 데 도움이 되는 자기조절(self-regulation)과 메타인지(metacognitive) 능력**이다. 마지막으로, 스트레스를 보는 관점은 완전히 굳어져 있는 것이 아니므로, **사건 그 자체와 스트레스를 대하는 각자의 태도를 이해하는 방법에 초점을 맞추도록 아이들을 지도**해야 한다. 그러면 성과를 향상시키면서도 동시에 부정적인 감정을 크게 줄이는 데 도움이 될 것이다.

52

효과적인 피드백을 위한
3가지 질문

 흥미로운 실험

피드백에 상당히 많은 시간, 에너지, 노력이 소요된다는 사실을 고려하면, 어떤 방식의 피드백이 좋은지 알아두는 것은 매우 유용할 것이다. 존 해티(John Hattie)와 오클랜드대학교의 연구자 헬렌 팀펄리(Helen Timperley)는 이 주제를 다룬 기존의 방대한 연구를 모두 검토 분석했다. 그러고 나서 간단하면서도 가장 큰 효과를 얻을 수 있는 피드백 요령, 전략, 지침들을 정리해 발표했다.

📈 밝혀진 사실!

1   가장 효과적인 피드백을 위해서는 다음 3가지 질문에 답해야 한다.

- **어디로 가고자 하는가?**
  이 질문으로 목표가 아주 확실해진다.
- **얼마나 잘하고 있는가?**
  이 질문으로 진척 상황을 확인할 수 있다.
- **다음은 어떤 방향으로 나아가야 하는가?**
  이 질문은 발전을 위해 필요한 전략에 초점을 맞춘 것이어서, 가장 중요하다고 볼 수 있다.

2   이 연구에서는 4가지 피드백 유형을 제시하고, 그 유효성을 다음과 같이 설명한다.

사람에 대한 피드백
가장 효과가 없는 피드백이다. 아이에게 "참 똑똑하다"라 거나 "수학에 소질이 없다" 같은 꼬리표를 붙이는 결과를 초래하기 때문이다. 이런 피드백은 칭찬이든 결점에 대한 지적이든 모두 별로 도움이 안 된다.

과제에 대한 피드백
가장 일반적인 피드백 유형으로, 그 일을 제대로 하고 있는 지에 관한 정보를 제공한다. 이런 피드백은 아이들이 필요 한 부분을 잘못 이해하고 있을 때 종종 효과가 있다.

과정에 대한 피드백

이런 피드백은 아이들이 과제를 어떻게 수행했는지에 관한 정보를 제공한다. 단순히 과제에 대해서만 피드백을 줄 때보다 아이들이 더 많은 정보를 찾아보고 더 깊이 배우는 계기가 되는 경우가 많다.

자기조절에 관한 피드백

아이들이 각자의 수행 과정을 얼마나 잘 검토하고, 행동을 조절하고, 전략을 수정했는지를 다룬다. 해당 분야를 처음 배우는 학습자들에게 특히 효과적인 피드백이다.

🔍 관련 연구

많은 사람 앞에서 공개적으로 칭찬받는 것을 좋아하는 십대 청소년은 전체의 4분의 1에 불과하고, 3분의 2는 조심스럽게 남들이 듣지 않는 곳에서 칭찬받는 것을 선호한다는 연구 결과도 있다. 흥미롭게도 조사 대상 학생의 10퍼센트는 교사가 아무 말도 하지 않기를 바라고 있었다. 또한 피드백이 칭찬과 연결될 때, 특히 학교에서 열심히 공부하는 것을 대수롭지 않게 여기는 친구들 앞에서 이런 피드백이 전달될 경우 해로운 영향이 나타날 수 있는 것으로 밝혀졌다.

학생들은 타고난 능력보다는 노력을 칭찬해주는 것을 좋아한다는 사실도 알려졌다. 이런 유형의 피드백을 해줄 경우 학생들이 과제를 더 즐겁게 수행하고, 회복탄력성이 높아지고, 향후 더 도전적인 과제를 선 택할 기능성이 높아진다(학습과학 05).

🏛 실제 활용하기

피드백의 38퍼센트가 득보다는 실이 더 많다는 사실(학습과학 25)이 알려진 후, 이 주제의 연구가 광범위하게 진행됐다. 피드백은 워낙 중요한 문제여서 잘못 이해하거나 잠재적인 영향을 간과해서는 안 되기 때문이었다.

위 연구의 저자들은 좋은 피드백을 위한 효과적인 요령으로 다음 2가지를 제안한다. 이 두 방법은 서로 밀접하게 관련되어 있다. 첫째, "틀린 대답보다는 맞는 대답에 부연설명을 해주고, 예전에 했던 방법에서 변화를 주는 경우에 피드백을 해주는 것"이다. 둘째, "자존감을 크게 위협당하지 않는 상황에서의 피드백"이 더 효과적이다. 아마도 "위협이 덜 느껴지는 상황이어야 피드백에 주의를 기울일 수 있기 때문"일 것이다.

교실에서 교사가 학생들에게 피드백을 주기 위해 쏟는 많은 시간을 고려할 때, 이 연구는 교사들에게 엄청난 가치가 있다. 이와 같은 피드백 전략들은 피드백의 양보다는 질이 중요하다는 사실을 보여준다. 연구진은 이렇게 덧붙인다. **"단순히 피드백을 더 많이 해주는 것이 답은 아니다. 피드백의 본질, 타이밍, 학생들이 피드백을 어떻게 받아들이는가를 고려할 필요가 있기 때문이다."**

53

자기대화,
자존감 높은 사람의 특징

 흥미로운 실험

미국의 전 대통령 도널드 트럼프(Donald Trump), 축구선수 즐라탄 이브라히모비치(Zlatan Ibrahimovic), 로마의 정치가 줄리어스 시저(Julius Caesar), 〈세사미 스트리트(Sesame Street)〉의 캐릭터 엘모(Elmo)의 공통점은 무엇일까? 이들은 모두 자신을 3인칭으로 지칭한다. 이를 보여주는 유명한 사례가 있다. 즐라탄 이브라히모비치는 영국의 축구팀 아스널로부터 입단테스트를 요청받았을 때 "즐라탄은 오디션은 안 봅니다."라고 대답했다.

자신에게 어떤 방식으로 말을 하는지는 그 사람이 생각하고 느끼고 행동하는 방식에 어떤 영향을 미칠까? 1인칭으로 지칭하는 것(가령 "나는 …라고 생각한다")은 1인칭이 아닌 방식(가령 "너는 …라고 생각하는구나"처럼 표현하거나 자기 이름을 제3자를 부르듯이 사용하는 것)으로 지칭하는 것과 차이가 있을까? 연구진은 학생들에게 위의 2가지 방식 중 하나로 말하도록 요청하고서, 이 학생들에게 불쾌했던 사건을 회상하거나, 누군가를 처음으로 만나거나, 동급생들 앞에 나와서 발표를 하는 등의 다양한 과제를 수행하게 했다.

📈 밝혀진 사실!

혼잣말을 할 때 자신을 1인칭으로 지칭하는 사람들은 1인칭 이외의 방식으로 지칭하는 사람들과 다른 다음과 같은 특징이 있었다.

- 불안감을 유발한 사건을 회상할 때 감정이 더 강렬해졌다.
- 분노를 유발한 사건을 회상할 때 감정이 더 강렬해졌다.
- 사회적 상호작용에서 더 많이 불안해하는 것처럼 보였고, 과제를 수행하는 능력이 더 떨어진다고 평가받았다.
- 좋은 첫인상을 주지 못하는 경향을 보였다.
- 사람들 앞에서 발표하는 자리에서 부끄러워하고 당황하고 부정적인 기분을 더 많이 경험했다.
- 사람들 앞에서 발표하는 과제를 능숙하게 수행하지 못했다.
- 곧 있을 부담스러운 행사를 위협적인 상황으로 보는 경향이 컸다.
- 곧 있을 부담스러운 행사에 대해 더 많이 걱정했다.

🔍 관련 연구

자기대화(self-talk)에 관한 연구는 인지심리학에서 활발히 연구되고 가장 왕성하게 성장 중인 주제다(학습과학 24, 학습과학 64). 혼잣말을 하는 방식은 사고관점(mindset), 동기, 회복탄력성, 창의성, 집중력, 감정조절에 영향을 미치는 것으로 밝혀졌다. 가령, 어느 연구에서는 자신에게 질문한(예를 들면 "내가 잘할 수 있을까?"라고 물은) 사람들은 자신이 성공할 것이라고 단언한(예를 들면 "나는 잘 해낼 거야."라고 말한) 사람들보다 철자 바꾸기 문제를 훨씬 더 많이 풀었다. 이런 결과가 나온 이유는 아마도 자신에게 질문을 던지는 과정이 뇌의 행동을 촉구하는 신호로 작용해 그 질문에 답하도록 만들었기 때문일 것이다(학습과학 28).

다른 연구들도 **자신이 할 일을 혼잣말로 말하는 것이 스트레스가 많은 상황에서 집중력과 수행력을 향상시키는 유용하고도 건설적인 방법**이라고 보고했다. 이런 기술은 학생들이 자기조절 능력을 키우고 중요한 과제를 더 충실히 계획하고 준비하는 데 도움을 준다. 마지막으로 **자신에게 말을 거는 행동은 주의를 산만하게 만드는 생각들을 차단하는 데 도움이 되는 긍정적이고도 강력한 방법으로, 큰 노력과 회복탄력성이 필요한 상황에서 주어진 과제를 더 잘 수행하도록 돕는 것**으로 드러났다.

🏛 실제 활용하기

이 연구는 아이들이 자신에게 말을 거는 방식을 개발함으로써 대단히 큰 효과를 거둘 수 있음을 보여준다. 연구진은 이 연구의 결과를 이렇게 정리한다.

> "사람들은 자기 자신을 이름으로 지칭하는 것에 익숙하지 않다. 하지만 이 연구의 결과는 그렇게 하는 것이 자기 자신과 거리를 두고, 사회적인 스트레스 속에서 생각, 기분, 행동을 조절하는 능력을 키우고, 사회적 관계에서 불안과 초조를 유발하는 일들을 위협적인 상황이 아니라 발전의 계기로 받아들이는 데 도움이 된다는 사실을 보여준다."

자기대화에 이런 장점이 있는데도 아이들이 건전하고 유용한 자기대화를 해나갈 수 있게 지도하는 시간은 거의 없다시피 하다. 간단한 몇 가지 변화만으로도 아이들이 생각하고 느끼고 행동하는 방식에 실제로 큰 영향을 줄 수 있다. **자기조절과 감정관리는 일상생활에서 꼭 필요한 기술이다**(학습과학 37). **아이들이 자기대화 기술을 발달시킬 수 있도록 지도하는 것은 아이의 행복과 성과 향상에 큰 도움이 되는, 쉽고 간단하면서도 효과적인 전략이다.**

54

자녀의 책읽기 능력,
어떻게 키울 수 있을까?

💡 흥미로운 실험

부모들은 밤마다 규칙적으로 책을 읽는 습관을 들이면 좋다고 자녀에게 종종 이야기한다. 부모가 자녀의 독서능력을 가장 효과적으로 키워주는 방법이 혹시 있을까?

　연구진은 4-6세 아이들을 여러 해 동안 관찰하면서 부모들이 아이에게 책을 얼마나 많이 읽어주는지, 아이들이 어떤 종류의 독서활동에 참여하는지를 조사하고, 읽기와 쓰기에 관련된 주요 능력을 평가했다. 연구진은 부모들이 활용한 독서 방법을 크게 2가지로 나누었다. 하나는 일정한 형식이 없는 책읽기(예를 들면, 동화책을 읽어주는 것)이고, 다른 하나는 형식을 갖춘 독서활동(예를 들면, 개별 글자의 이름과 소리를 가르치는 것)이다. 연구자들은 이 각각의 전략이 문해력 발달에 뚜렷하고도 중요한 역할을 하는지 알아보았다.

📈 밝혀진 사실!

1   일정한 형식이 없는 책읽기(예컨대, 동화책 읽어주기)는 1년 후에 아동의 다음과 같은 능력에 긍정적인 영향을 미쳤다.

- 단어와 문장 이해
- 더욱 다양한 범주의 어휘를 사용
- 듣고 이해하는 실력 향상

2   형식을 갖춘 책읽기(예컨대, 책을 읽으면서 글자, 단어, 문장을 가르치기)는 조기 문해력 향상에 도움이 되는 것으로 확인됐다.

3   6세가 될 때까지 노출된 책의 양은 2년 후의 읽기능력을 예측할 수 있는 변수였다.

🔍 관련 연구

동화책 읽기의 긍정적인 영향은 오래전부터 잘 알려져 있다. 많은 아이들이 이 시기에 부모와 함께 보내는 시간을 좋아하고, 부모에게 같이 책을 읽자고 조르곤 한다는 사실은 흥미롭다. 아동기에 독서에 재미를 붙이면 읽기능력도 그만큼 높아진다고 알려져 있다. 따라서 아이들이 책읽기를 좋아하고 즐기게 만들고 싶다면, 어린 나이에 독서능력과 자신감을 키울 수 있게 도와주는 것이 중요하다.

이와 관련한 어느 연구에서는 **부모가 자녀와 함께 책읽기를 할 때는 단순히 책을 얼마나 많이 읽느냐가 아니라 책을 읽으면서 나누는 상호작용의 질이 중요하다**는 사실이 밝혀지기도 했다. 그런 상호작용에는 책을 읽고 그 내용을 자세하게 설명하는 것은 물론 간단한 몸짓이나 행동으로 표현하면서 설명하는 것도 포함된다.

🏛 실제 활용하기

최근의 한 연구에 의하면 9세 때의 읽기능력이 동년배의 평균 읽기능력에 못미치는 학생들은 그렇지 않은 경우보다 고등학교를 졸업할 가능성이 4배 낮다고 한다. 이런 연구결과는 읽기능력을 조기에 개발하는 것이 얼마나 중요한지를 보여준다. 학생들이 배움에 필요한 기본적인 능력을 갖추지 않은 채 학교에 오면, 학업을 따라잡기가 불가능한 것까지는 아니더라도 학습 과정이 훨씬 힘겨워진다.

부모가 자녀와 독서활동을 할 때 일정한 형식 없이 동화책 읽기와 같은 편안한 책읽기에 더해 **책을 읽으면서 글자·단어·문장을 가르쳐주는 독서활동을 적절히 결합하면 자녀의 읽기능력 발달에 큰 도움이 된다. 읽기활동의 양과 질이 모두 중요하며, 다양한 유형의 독서활동을 병행하는 것이 좋다**는 사실을 부모들에게 알려주면 좋다. 또 어떤 종류의 책이 유익하며 책을 읽으면서 어떤 질문을 던져야 효과적인지에 관한 적절한 정보를 부모들에게 제공하는 것도 도움이 될 것이다.

55

거짓 신경과학적 설명,
경계해야!

 흥미로운 실험

인간의 행동과 경험을 신경과학의 관점에서 해석하려는 경향이 사회적으로 확대되고 있다. 특히 신경과학적 견해처럼 들리는 내용을 덧붙인 설명에서 그런 경향이 두드러진다. 그런데 그런 식의 설명이 사람들을 현혹하는 힘은 얼마나 위력적일까?

이를 확인하기 위해서 예일대학교의 연구팀은 사람들의 마음을 떠보는 몇 가지 실험을 진행했다. 연구자들은 우선 실험 참가자들에게 여러 심리학적 설명을 제시했다. 제시된 내용 중 일부는 정확한 사실이고 일부는 틀린 정보였다. 그러면서 일부 참가자에게는 설명과 함께 신경과학적 연구결과처럼 들리는 추가 정보를 제공하고, 일부 참가자에게는 제공하지 않았다. 그 뒤에 실험 참가자들에게 각자 들은 설명이 얼마나 만족스러웠는지를 평가하게 했다.

밝혀진 사실!

1   사람들은 심리학 및 학습에 관한 설명에 신경과학 용어를 사용한 내용이 추가됐을 때 더 만족스럽게 평가했다.

2   신경과학적 정보가 거짓이거나 허위였을지라도 사람들 대부분은 그 정보가 타당하고 생각했다.

3   '신경과학의 유혹(seduction of neuroscience)'이라고 부를 수 있는 이런 효과는 애초에 제시한 설명이 빈약하거나 수준 이하일 때 가장 현격하게 나타났다.

4   신경과학에 문외한이든 약간의 지식이 있든 관계없이, 오류가 있는 뇌 사진이나 그림, 틀린 설명을 곧이곧대로 믿을 가능성이 컸다.

5   거짓으로 꾸민 신경과학적 해석에 넘어가지 않은 사람들은 오로지 전문가, 즉 신경과학을 전공했거나 그 분야의 학위나 전문 자격을 갖춘 사람들뿐이었다.

어떤 설명이 정확한지 가늠하려는 사람의 판단을 흐리는 방법은 다양하다. 가령 한 연구는 설명이 길어질수록 사람들이 그 설명을 신뢰할 가능성이 크다는 사실을 알아냈다. 또 다른 연구에서는 정확한 설명보다는 납득이 가는 추론에 마음이 더 쉽게 끌린다는 사실이 밝혀지기도 했다.

뇌의 사진이나 그림에는 설득력이 있어서 개인적인 추론이 흔들릴 수 있다는 연구결과도 있었다. 아마도 그런 이미지들에 본래 권위나 영향력이 있어서이거나 아니면 워낙 눈에 잘 띄어서 사람들의 관심이 쉽게 집중되기 때문일 것이다. 정해진 주제와 관련은 없지만 눈길을 끌기 쉬운 흥미로운 정보를 논쟁에 끌어들이는 것을 일컬어 '사람들을 현혹하는 세부설명(seductive details)'이라고 한다. 이런 세부설명이 덧붙여지면 듣는 이의 초점이 논리의 핵심보다는 흥미롭지만 논의와는 무관한 정보에 쏠리게 된다는 사실이 여러 연구를 통해 확인됐다.

🏛 실제 활용하기

이 연구의 저자들은 "신경과학적 정보가 덧붙을 경우 그 정보가 논의 중인 내용에 어떤 역할을 하는지에 관계없이, 전체적으로 타당하게 들리는 경향이 있다. … 그러다 보면 사람들이 신경과학 정보가 담긴 설명을 무비판적으로 수용하게 될 수도 있다."라고 진술했다. 연구진은 "주제와 무관한 신경과학 정보가 사람들을 현혹해서, 판단 과정에 불필요하게 큰 영향을 끼칠 수 있다."라고 경고했다. 그리고 이 내용을 잘 정리한 다른 연구를 인용하면서, "뇌의 일부를 묘사한 그림이나 사진은 마치 우리가 심리학적인 사고과정을 직접 들여다보기라도 할 수 있는 것처럼 생각하게 만든다."라고 설명한다.

이들은 **"신경과학 연구에 관한 대중의 관심이 당분간은 수그러들 기미가 없으므로, 사회적 이슈에 신경과학의 연구결과를 적용하는 경우 본 연구에서 밝혀진 결과에 반드시 깊은 주의를 기울여야 한다."**라는 의견으로 글을 마무리한다. 학교교육에 뇌의 작동 방식을 적용하는 방법에 관심이 커지는 가운데, 교사 및 교육 관계자들은 새로운 연구소식을 뉴스로 접할 때 뇌 사진을 담은 부차적인 정보에 마음을 빼앗기지 말고, 비판적인 눈으로 연구의 잠재적인 영향을 심도 있게 분석해야 할 것이다.

56

마감기한을
정하는 스킬

 흥미로운 실험

학생들이 직접 과제 제출 마감기한을 정하면 꾸물거리며 미루는 습관을 극복할 수 있을까? 그럴 경우 학생들은 실효성 있는 기한을 정할까? 직접 제출 마감기한을 정하는 것이 성적향상에 실질적인 도움이 될까?

　연구자들은 이런 질문을 제기하고 학생들을 두 집단으로 나눠 실험을 진행했다. 그중 한 집단은 학생들이 3가지 과제의 제출기한을 직접 정했다. 다른 집단은 교사가 기한을 정했으며, 정해진 제출기한은 학기 중 고르게 분배됐다. 연구자들은 학생들이 어떻게 해나가는지를 관찰했다.

　후속연구에서는 이와 동일한 조건에서 타인이 작성한 글을 교정하는 과제를 수행하는 실험을 했다. 이번에도 한 집단은 학생들이 직접 마감기한을 정하고, 다른 집단은 교사가 정한 기한을 따랐다.

📈 밝혀진 사실!

1   쉽게 예상할 수 있듯이 학기의 마지막 주에 3가지 과제를 모두 제출한 학생들이 많았다. 전체의 27퍼센트는 과제 3가지를 마지막 날에 한꺼번에 제출했다.

2   제출기한을 스스로 선택한 학생들은 교사들이 정한 기한에 맞춰야 했던 학생들보다 낮은 점수를 받았다.

3   두 집단의 점수 차가 가장 컸던 것은 마지막인 세 번째 과제에서였으며, 점수 차이는 10퍼센트 이상 벌어졌다.
    학생들이 3가지 과제를 학기말에 제출했을 경우, 그 이유는 대부분 마지막 과제를 완성할 시간이 부족했기 때문이었다.

4   학생들은 전체적인 점수가 더 안 좋아졌더라도, 자기가 직접 제출기한을 선택하는 것을 선호했다.

5   교사가 정한 기한을 따른 학생들은 직접 마감기한을 정한 학생들보다 과제를 수행하는 데 시간을 더 많이 썼다.

🔍 관련 연구

꾸물거리며 미루는 습관은 많은 학생에게 큰 문제이다. 과거의 연구에서는 학생의 75퍼센트가 스스로 미루는 성격이라고 생각했으며, 50퍼센트는 꾸물거리는 습관이 일상이 되어서 문제가 될 정도라고 생각하는 것으로 나타났다. 학생들이 해야 할 일을 자꾸 미루는 이유 중에는 과제에 시간이 얼마나 걸릴지 예측하는 데 서툴거나 완수하는 데 필요한 시간을 과소평가하기 때문인 경우도 흔하다. 이런 현상은 '계획오류(planning fallacy)'라고 불린다(학습과학 03).

미루는 습관의 문제점뿐 아니라 그와 관련된 행동과 사고과정을 조사한 연구들도 있다. 관련 요인에는 자존감, 비합리적 신념, 실패에 대한 큰 두려움, 우울, 바람직하지 못한 공부습관, 성공에 대한 몽상에 너무 많은 시간을 쓰는 것(학습과학 63) 등이 있다. 더 나아가 꾸물거리는 사람들은 스트레스를 더 많이 받고, 마감을 앞두고 병이 나서 결국 안 좋은 성적을 받는 경우가 많다는 사실도 밝혀졌다.

이와 같은 결과는 미루는 습관에 관한 대규모 연구에서 확인된 내용을 뒷받침한다. 그 논문에서 연구자들은 "기한이 더 길수록 사람들이 결정한 기한에 영향을 덜 받는다는 사실이 오래전부터 관찰되어 왔기" 때문에 짧은 기한의 마감을 주기적으로 정해두는 것이 도움이 된다고 조언한다.

🏛 실제 활용하기

이 연구의 저자들은 다음과 같은 진술로 연구결과를 요약한다. "스스로 마감기한을 정할 때는 교사가 제출 간격을 균등하게 나눠서 기한을 정해줄 때만큼 성적향상이 나타나지 않았다." 어째서 그런 걸까? 연구진은 "선택권이 있던 학생들은 제출기한을 자기가 정했기 때문에 구속력이 덜한 것으로 여겼을 것이다."라고 설명한다.

학년이 높아지면 혼자서 공부하고 조사하는 부분이 많아진다. 아이들이 궤도에서 벗어나지 않고 정해진 교과과정을 착실히 밟아나가도록 도움을 줄 때 이 연구결과를 참고할 수 있을 것이다. **과제를 언제, 어디서, 어떻게 해야 하는지의 대부분을 학생이 결정하는 경우에도, 과제를 몇 부분으로 나눈 다음 정기적으로 중간 결과물을 제출해서 검토 받는 방식으로 하는 것이 효과적이다.**

57

똑똑하다는 칭찬은
왜 위험한가?

 흥미로운 실험

학생들이 무언가를 성취하거나 잘해내면 "잘했다. 넌 역시 참 똑똑하구나!" 같은 칭찬을 자연스레 하게 된다. 그런데 이런 식으로 지적인 능력을 칭찬하는 것에 문제는 없을까? 그런 칭찬은 앞으로의 과업에 어떤 영향을 미칠까?

중국, 미국, 캐나다의 연구자들은 이를 확인하기 위해 최근에 공동으로 연구를 진행했다. 연구진은 실험 참가자인 243명의 아동 중 절반에게는 그들이 똑똑하다는 평판을 받고 있다고 말해주었다. 실험에 참가한 모든 학생이 함께 정답 맞히기 놀이를 했는데, 도중에 실험 진행자가 잠시 자리를 비우고 밖에 나갔다 왔기 때문에 학생이 마음만 먹는다면 정답을 훔쳐볼 기회가 있었다. 이 실험을 통해 연구진은 똑똑하다는 칭찬이 학생의 부정행위 여부에 어떻게 영향을 주는지를 알아보고자 했다.

📈 밝혀진 사실!

1 똑똑하다는 평판이 있다고 들은 학생들의 61퍼센트가 놀이에서 부정행위를 했다. 반면 나머지 학생 중 부정행위를 한 학생은 41퍼센트에 그쳤다.

2 다른 사람들이 자신을 똑똑하게 본다고 생각하면, 심지어 3세 밖에 안 되는 어린아이들도 부정행위를 할 가능성이 다른 아이들보다 더 높았다.

3 자신에게 똑똑하다는 평판이 있다고 말해준 사람이 정답 맞히기 놀이의 진행자일 경우 학생이 부정행위를 할 가능성은 더 컸다. 똑똑하다는 이미지를 실추시키고 싶지 않기 때문이다.

4 똑똑하다는 평판을 들었는지 여부에 관계없이 여학생보다는 남학생이 부정행위를 더 많이 했다.

기존의 연구에서는 아이들이 5세 무렵이 되면 다들 자신의 평판에 대해 어느 정도 알게 된다는 사실이 발견됐다. 그런데 이 연구는 그것을 인식하기 시작하는 나이가 5세보다 더 어릴 수도 있다고 주장한다. 다른 연구에서는 7세 이하의 아이들은 나이가 더 많은 아이들에 비해 자신이 얼마나 똑똑한지 걱정을 덜 한다는 흥미로운 사실이 보고되기도 했다. 이를 통해 아이가 얼마나 똑똑한지에 대해 아이 자신보다는 어른들이 더 많이 관심을 쏟는다는 사실을 알 수 있다.

다른 증거들에 따르면 **타고난 능력이나 지능에 관한 칭찬을 들은 학생들은 어려운 과제를 포기하고, 과제를 그다지 즐거워하지 않고, 성적이 더 나쁘고, 몇 문제를 맞혔는지 거짓으로 말할**(학습과학 05) **가능성이 더 컸다. 자긍심이 낮고 스트레스를 많이 받는 경향도**(학습과학 68) **나타났다.**

남학생이 여학생보다 부정행위를 더 많이 한다는 이 연구결과는 심리학·경제학에서 밝혀진 여러 연구결과와도 일치한다. 성인의 경우에도 남성이 여성보다 속임수를 쓰거나 부정직한 행위를 더 많이 했다. 그 이유는 아직 밝혀지지 않았으며 이에 관해서는 여전히 연구가 진행되고 있다.

🏛 실제 활용하기

이 연구의 저자들은 "똑똑하다거나 머리가 좋다는 말처럼 아이의 지적인 능력을 칭찬하는 것은 의도치 않은 부정적인 결과를 초래할 수 있다."라고 말한다. 아이가 "자신의 이익을 달성하기 위해 속임수를 쓰게 만들 가능성"이 있기 때문이다. 아이의 사기를 높인다는 좋은 의도에서 던진 말이 순식간에 아이의 어깨에 지워진 큰 짐이 될 수 있다.

아이들이 자신의 능력을 증명해 보여야 한다고 걱정하기보다는 실력을 키우는 데 집중하도록 지도하는 것이 중요하다. 우승하거나 똑똑하게 보이는 것이 진정한 실력을 키우는 것보다 중요하다고 생각하게 하면 그런 평판을 유지하기 위해서 요령을 피우거나 편법을 쓸 가능성이 커진다. 그렇게 되면 성장하기보다는 실수를 안 하려고 하고, 배우기보다는 남에게 지지 않으려고 하고, 더 나아지기 위한 행동보다는 자신을 방어하는 행동을 하게 된다. 따라서 **부모와 교사들은 아이들의 타고난 능력이 아니라 열심히 노력하는 과정을 칭찬함으로써 아이들이 힘든 시기를 잘 헤쳐나갈 수 있도록 도와야 한다.**

58

감정과 성적은
어떤 관계일까?

 흥미로운 실험

학교에서의 성적이 학생들의 감정에 영향을 미치는 걸까? 아니면 학생들의 감정이 학교에서의 성적에 영향을 주는 걸까? 이를 궁금히 여긴 독일, 영국, 오스트레일리아, 일본의 연구자들은 42개 학교에서 십대 청소년 2,000명을 5년 동안 관찰했다.

📈 밝혀진 사실!

1 긍정적인 감정과 성적은 서로 영향을 주고받았다. 학생이 수학 과목을 좋아하고 자기가 해낸 과제에 자부심을 느낄수록 성적도 높았다. 마찬가지로, 수학성적이 좋을수록 수학에 대한 자신감과 즐거움을 더 많이 느꼈다.

2 아래와 같은 부정적인 감정을 더 많이 느낄수록 성적이 낮았다.

- 분노
- 불안
- 창피함
- 지루함
- 절망감

3 저조한 성적의 가장 강력한 예측 요인은 학생이 느끼는 불안과 절망의 정도였다. 이 역시 서로 영향을 주고받아서, 지속적인 실패는 부정적인 감정의 강도를 높였다.

4 여학생은 남학생보다 수학시간에 재미와 자신감을 덜 느끼는 반면 지루함, 불안, 창피함, 절망감은 더 많이 느꼈다.

🔍 관련 연구

위 연구결과는 감정과 학업성취도가 서로 영향을 주고받는다는(다시 말해서, 양방향으로 작용한다는) 기존의 연구결과를 입증한다. 다수의 연구로 확인된 바에 따르면, 시험을 앞두고 불안해하는 학생들은 안 좋은 성적을 받을 가능성이 높고, 그렇게 되면 다음 시험에서는 불안감이 더 커질 가능성이 높아진다. 다시 말해, 악순환이 반복되는 것이다.

이 연구가 특히 수학 과목에 대한 감정에 초점을 맞췄다는 점은 흥미롭다. 수학이야말로 좋고 싫음이 아주 분명한 과목이기 때문이다. 즉 학생들은 수학 과목에 대해서는 아주 좋아하거나 극도로 싫어하는 매우 강렬한 감정을 갖고 있는 것으로 보고된다. 성적이 비슷할 때조차 여학생은 남학생보다 수학에 재미를 덜 느끼고, 불안감은 더 많이 느낀다. 남녀 간의 이런 차이는 생물학적인 원인이 아니라 남자아이와 여자아이가 주로 듣는 칭찬의 유형이 서로 다르다는 점, 그리고 실패의 원인을 어디에 두느냐가 남녀 간에 다르다는 점이 복합적으로 작용한 결과이다(학습과학 19, 학습과학 46).

🏛 실제 활용하기

이 연구의 결과에 따르면 아이들에게는 다음 2가지 접근법을 함께 적용해야 한다. 하나는 아이가 더 좋은 성적을 받을 수 있도록 아이 스스로 감정을 돌보고 잘 관리하도록 돕는 것이고, 다른 하나는 실력과 지식을 함양해서 아이가 학업에 대해 긍정적인 감정을 갖게 만드는 것이다. 둘 중 한 가지 접근법만으로는, 예컨대 긍정적인 감정에만 치중한다든지 실력 향상에만 치중해서는 아이들의 성장을 북돋울 기회를 놓치고 만다. 반드시 위 2가지 접근법을 조화롭게 병행해야 한다.

이 연구의 저자들은 연구결과가 "교사, 학교 관계자, 부모 모두 청소년의 긍정적인 감정을 강화하고 부정적인 감정을 최소화하는 데 노력을 집중해야 한다."는 사실을 보여주는 것이라고 설명한다. 이들은 그 실천 방법을 이렇게 제안한다. **"성과를 판단하는 각자의 내적 기준을 세우도록 격려하고, 경쟁보다는 충실한 배움을 강조하는 등의 방법으로 아이들에게 성취감을 느낄 기회를 제공하면, 아이들의 긍정적인 감정을 키우고 부정적인 감정의 형성을 막는 데 도움을 줄 수 있다."**

59

휴식장소와 학업성취도의 상관관계

 흥미로운 실험

미시간대학교의 연구진은 휴식시간에 자연과 상호작용을 하면 학생들의 기분, 집중도, 암기력이 향상되는지를 다음과 같이 2가지 실험을 통해 알아보았다.

첫 번째 실험에서는 산책 장소가 영향을 미치는지 조사했다. 두 번째 실험에서는 학생들을 두 집단으로 나누어 쉬는 시간에 한쪽 집단은 자연 속의 풍경사진을 보게 하고, 나머지 한쪽 집단은 붐비는 도심의 사진을 보게 한 다음, 두 집단의 결과를 비교했다.

📈 밝혀진 사실!

첫 번째 실험에서는 학생들이 휴식시간 50분 동안 공원에서 산책하거나 복잡한 도심지역에서 산책했다. 그 결과 밝혀진 사실은 다음과 같다.

1 자연환경에서 산책한 학생들은 집중력과 암기력을 요하는 과제에서 성적이 16퍼센트 향상됐다. 도심에서 산책한 학생들은 점수가 향상되지 않았다.

2 공원에 나가서 산책하는 것은 1년 중 어느 때든 학생들에게 도움이 됐다. 계절이나 날씨에 따른 차이는 없었다.

3 더욱이 자연환경에서 산책하면 산책 후에 기분이 한결 좋아지는 효과가 나타났다. 도심에서 산책한 학생들에게서는 그런 효과가 나타나지 않았다.

두 번째 실험에서는 자연 풍경을 담은 사진을 본 학생들에게서 다음과 같은 효과가 관찰됐다.

- 암기력과 집중력 시험에서 더 좋은 점수를 얻었다.
- 집행기능(executive functions)이 향상됐다.
- 기분이 좋아지고 한결 상쾌한 느낌이 들었다.

🔍 관련 연구

최근의 한 연구에서는 **단 5분이라도 짧게 산책을 다녀오면 행복감, 주의력, 자신감이 향상된다**는 사실이 확인됐다(학습과학 50). 이 연구에서 실험 참가자들은 옥외, 복도, 러닝머신 등 어디에서 걸었는지에 상관없이 긍정적인 효과를 얻었다.

따라서 잠깐 산책을 할 때 반드시 한적한 곳에서 할 필요는 없으며 단지 스트레스를 주는 곳만 아니면 된다는 사실을 알 수 있다. 위 연구진은 다음과 같이 설명한다. "자연환경과는 달리 도심환경은 주변이 온통 시선을 끄는 자극으로 가득한 데다 교통사고를 조심해야 하는 등 특별한 주의를 기울여야 하기 때문에 산책의 치유 효과가 훨씬 덜하다."

산책뿐만 아니라 다른 간단한 일상 활동이 암기력, 집중력, 행복감을 높일 수 있는지를 조사한 연구도 있다. 그런 활동들은 규칙적인 숙면(학습과학 29), 아침식사 거르지 않기(학습과학 35), 충분한 수분 섭취하기 같은 것들이다. 이런 활동은 전혀 복잡하거나 어렵지 않으며, 바로 이 점이 큰 장점이기도 하다. 이런 일상적인 활동은 아무런 비용이 들지 않고, 쉽게 이해할 수 있으며, 당장 행동에 옮길 수 있다. 게다가 눈으로 확인 가능하고 유의미한 변화가 거의 즉각적으로 나타난다.

🏢 실제 활용하기

이 연구의 저자들은 어떤 사고실험 사례를 소개하는 것으로 글을 시작한다. "알려진 부작용이 전혀 없고, 쉽게 활용할 수 있으며, 비용 한 푼 들이지 않고도 인지능력을 향상시킬 수 있는 방법이 있다고 한번 상상해보라." 이 연구에서 밝혀진 결과에 따르면, 자연과의 상호작용은 그것이 산책이든 풍경사진을 보는 것이든 관계없이 위와 똑같은 효과를 낸다.

학생들은 시험공부를 하는 동안 틈틈이 휴식을 취하는 것이 좋다는 말을 자주 듣는다. 위 연구결과는 모든 휴식이 다 똑같지는 않다는 사실을 보여준다. 휴식을 취하는 동안에도 뇌가 경계를 늦출 수 없다면 기대하는 효과를 얻기 힘들다. 그러므로 **긴장을 풀고 새롭게 기분을 전환할 수 있는 방식으로 휴식을 취하게 하면, 휴식 이후에 기분이 한결 나아지는 것은 물론이고, 뒤이어 공부하는 내용을 더 잘 기억할 가능성이 크다.**

60

불확실성과
스트레스의 관계

 흥미로운 실험

유니버시티칼리지런던(UCL)의 연구진은 실험 참가자들에게 학습게
임을 시키고 약한 전기충격을 가하는 실험을 진행했는데 전기충격을
가하는 시점을 예측하기 힘들게 설정해서 스트레스를 유발했다.

연구진은 이 실험을 통해 (a) 불확실성과 스트레스 사이에 어떤
관련이 있는지 (b) 불확실성과 스트레스 사이에 연관성이 있다면 과제
를 수행하는 능력에는 어떤 영향을 미치는지 알아보고자 했다.

📈 밝혀진 사실!

1   불확실성은 사람들이 느끼는 스트레스의 주요 원인이다. 이 사실을 통해 사람들이 정말로 스트레스를 받는 이유는 최악의 상황 때문이 아니라 알지 못하는 애매모호한 상태 때문임을 알 수 있다.

2   불확실성은 스트레스의 전형적인 심리학적 현상들(스트레스 호르몬인 코르티솔이 분비되고, 동공이 확장되고, 손에 땀이 나는 것 등)을 촉발했다.

3   어느 정도의 스트레스와 불확실성은 이로운 작용을 한다. 이 경우에는 실험 참가자들의 과업 수행능력이 향상됐다. 아마도 이것은 적당한 스트레스와 불확실한 상황에서 약간 긴장하고 더 집중하고 열심히 노력하게 되기 때문일 것이다.

스포츠와 교육 분야에서는 스트레스 상황에 대처하는 다양한 방법에 관한 연구가 활발히 진행되었다(학습과학 38). 상황을 극복하는 데 필요한 스킬과 자원이 있고, 상황이 잘 통제되고 있다는 기분이 들고, 격려해주는 사람들이 주위에 있고, 과거에 했던 비슷한 경험을 떠올린다면, 직면한 상황을 스트레스가 아니라 '도전'으로 받아들일 가능성이 크다. 반면 소외감을 느끼고, 일이 잘못될 경우 잃게 될 것에 몰두하고, 긴장감에 사로잡히고, 바보처럼 보이지 않을까 걱정하고, 목표 달성이 요원하다고 느껴진다면, 직면한 상황을 '위협적인 상태'로 받아들일 가능성이 크다. **자신이 처한 상황을 위협이 아니라 도전으로 보는 사람들은 스트레스를 효과적으로 관리할 가능성이 크다.**

이에 더해서 '스트레스 사고관점(stress mindset)', 즉 스트레스를 바라보는 관점이 과제의 수행에 중대한 영향을 미칠 수 있다는 연구결과도 발표됐다(학습과학 51). **경우에 따라서는 스트레스가 도움이 될 수도 있다고 생각하는 사람들은 대체로 긍정적이고 유쾌하고, 성취수준이 더 높고, 스트레스 상황을 겪을 때 더 많은 피드백을 구한다.** 스트레스를 바라보는 사고관점은 쉽게 바뀔 수 있는 것이라서, 스트레스의 잠재적인 이점을 아는 사람들은 스트레스에 더 효과적으로 대처할 수 있다.

🏛 실제 활용하기

학생들 대부분이 특히 스트레스를 받는 상황이 있다. 예를 들면, 시험, 과제제출 마감기한, 발표, 면접 같은 것들이다. 이런 일들이 스트레스로 받아들여지는 것은 모두 불확실성을 내포하고 있기 때문이다. 이런 일들은 결과가 불확실하며, 성공과 실패를 가릴 것 없이 각자의 삶과 향후의 선택에 중대한 영향을 미칠 수 있다.

이 연구에서는 위와 같은 상황에서 도움이 될 여러 실질적인 조언을 내놓는다. 첫째, 스트레스를 촉발하는 요인이 불확실성임을 이해하면, 자기가 느끼는 기분의 근거를 더 명확히 인식할 수 있다. 둘째, 불확실성, 즉 스트레스가 수행능력을 높일 수 있다는 사실을 아는 것만으로도 안심이 되고, 불안한 감정을 가라앉히는 데 도움이 된다. 셋째, 스트레스가 지나치게 높아서 스트레스를 줄이고 싶을 때는 불확실성을 줄이겠다는 목표에 따라 정보를 모으면 도움이 된다.

61

메타인지와
학업성취도 향상

 흥미로운 실험

메타인지(metacognition)는 자신의 학습을 모니터하고 효과적으로 주도해가는 능력을 지칭한다. 메타인지는 독립적인 학습자로 발전하는 데 꼭 필요한 부분으로 알려져 있기 때문에 연구자들과 교사들 사이에서 갈수록 크게 주목받고 있다.

📈 밝혀진 사실!

1 메타인지를 향상시키기 위해서는 다음 3가지 질문을 고찰해야
   한다.

   - 어떤 자료가 공부하는 데 도움이 될까?
   - 그런 자료가 왜 도움이 될까?
   - 이 자료를 어떻게 활용할 것인가?

2 위와 같은 질문은 학생들이 자기 자신을 성찰하고 공부할 때 학습
   자료가 얼마나 유용했는지를 파악하는 데 도움이 됐다. 그리고 학
   생들은 이런 질문 덕분에 스트레스를 덜 느끼고, 스스로 더 잘하
   고 있다는 기분을 느꼈다.

3 위와 같은 질문을 한 학생들은 나중에 성적이 3분의 1등급 더 높
   아졌다. 그리고 매 시험에서 더 좋은 점수를 받았다. 이런 결과는
   성별과 나이, 학업능력에 관계없이 모든 학생에게서 나타났다.

🔍 관련 연구

메타인지능력을 키우면 학습동기, 학업성과, 시험성적이 향상된다는 증거가 많이 발표되고 있다. 이런 영향은 단순히 학습량만이 아니라 학습의 질에도 해당한다는 점이 많은 연구로 증명됐다. **학습자료를 효과적이고 효율적으로 정리하고 활용할 줄 아는 학생들은 대체로 학업성취도가 지속적으로 향상되는 경향을 보였다.**

영국교육기금재단(Education Endowment Foundation in England)의 연구자들은, 메타인지능력을 효과적으로 활용한다면 학생들이 7개월 동안의 진도를 더 나가는 것에 상응하는 진전을 이룰 수도 있다고 설명했다. 더욱이 메타인지는 다행스럽게도 가르치고 습득하고 개발할 수 있는 능력임이 여러 연구를 통해 확인됐다. 한 연구에서는 학생들의 메타인지능력 향상을 위해 지도한 지 2주도 되지 않아 이미 긍정적인 효과가 나타났다.

또 다른 연구에서는 좋은 의도와 실제 행동 변화 사이의 간극을 메우는 과정에서 학생들 대부분이 어려움을 느낀다는 사실도 확인됐다(학습결과 06). 그렇지만 위의 연구에서 활용한 것과 같은 구체적인 실천계획을 적용하면 이 과정을 더 능숙하게 이행할 수 있다는 사실도 연구를 통해 밝혀졌다.

🏛 실제 활용하기

이제는 대다수 학교가 학생들에게 양질의 학습자원을 제공한다. 하지만 위 연구진은 다음과 같이 설명한다.

"학습에 도움이 되는 환경과 학습자료를 얼마나 풍부하게 제공하는지에 관계없이, 학습자료 중 상당 부분은 이것을 의미 있고 신중하게 활용하지 못하는 학생들 손에서 낭비될 것이다. 수업자료에 숙달되도록 이런 학습자료를 학생들이 전략적으로 활용하게 독려한다면 그들의 잠재력을 최대로 이끌어낼 수 있을 것이다."

저자들은 메타인지능력을 키움으로써 얻을 수 있는 장기적인 효과를 들면서 이런 낙관적인 말로 논문을 마무리한다.

"교육 외에도, 인생을 살다보면 사람들이 헛된 방식으로 목표 달성을 꾀하는 상황이 많이 있다. … **주어진 자원을 가지고 목표에 전략적으로 접근하는 방법을 성찰할 수 있게 지도하면, 목표 달성에 큰 도움을 줄 수 있다.** 이를 통해 짐작할 수 있듯이, 학생들이 메타인지능력을 개발하면, 학교를 졸업하고 한참이 지난 뒤에도 그 수확을 계속해서 거둘 수 있을 것이다."

62

빈곤층 학생들의
학업성취도를
향상시키려면?

 흥미로운 실험

OECD에서 주관하는 국제학업성취도평가(Programme for International Student Assessment, PISA)는 각국 학생들의 학업성취도를 비교 분석하는 세계 최대 규모의 시험이다. 이 평가시험은 3년마다 시행되며 50여 개 나라 50만여 학생의 시험결과를 종합한 자료가 매번 발표된다.

　최근에 진행된 연구에서는 수많은 데이터를 분석해서 빈곤층 학생들의 수학, 읽기, 과학에서 좋은 성과를 낸 국가들을 발표했다. 연구진은 아울러 지난 10년 동안 빈곤층 학생들의 학업성취도 향상이 가장 컸던 국가는 어디이며, 학교교육의 어떤 특성이 빈곤층 학생들의 성장에 도움이 됐는지도 함께 조사했다.

📈 밝혀진 사실!

1 학교에서 성취도가 높은 아이들 중 빈곤층의 비율이 가장 높은 나라는 중국, 싱가포르, 에스토니아, 일본, 핀란드였다.

2 지난 10년 동안 이 분야에서 가장 큰 향상을 이룬 나라는 포르투갈, 독일, 노르웨이, 이스라엘, 슬로베니아, 스페인이었다.

3 빈곤층 학생들이 학교에서 배움에 대한 열의와 끈기를 키우고 더 뛰어난 성과를 얻는 데 기여하는 요인은 다음과 같았다.

- 규율이 잘 지켜지는 교실 분위기
- 다양한 특별활동
- 높은 출석률
- 더 많은 부유한 학생들

4 교실 기자재(예를 들면, 컴퓨터)와 교실의 크기 등은 빈곤층 학생들의 학업성취도 향상과는 관련이 없었다.

🔍 관련 연구

이 연구에서는 명확하고 질서정연한 교실환경의 장점이 여실히 드러난다. 게다가 이 연구는 실제로 그런 교실환경을 만드는 법을 다루었다는 점에서 특히 더 흥미롭다. 관련 연구에 따르면 교사의 이직률이 낮은 학교는 교실환경이 질서정연하고 규율이 잘 잡혀 있다. 또한 학교에서 교사 간 멘토링 프로그램을 만들고, 교사 간의 협력을 도모하고, 새로운 교사들이 소속감을 키울 수 있도록 돕는 것으로도 교사의 이직을 줄일 수 있다고 보고한다.

교장의 리더십 역시 규율 있고 안정된 교실문화와 관련이 있는 요소다. **'변혁적 리더십'이라고 불리는 지도자 유형은 교사들의 성장을 중요시하고, 교사가 학생들에게 높은 기대를 품고 질서정연한 교실을 만들어가도록 격려한다.** 연구진은 다소 안타까운 어조로, "교장이 학교에서 변혁적 리더십을 개발하고 효과적으로 적용하는 데 필요한 운영 기술을 가르치는 교장연수 프로그램은 사실상 거의 없다."라고 진술한다.

🏛 실제 활용하기

이 연구의 저자들은 이렇게 지적한다. "학교의 정책과 관행은 빈곤층 학생들의 학업성취도 향상에 영향을 미칠 수 있다. 이는 학업에 대한 학생들의 열의와 끈기는 출신 배경과 집안 환경뿐 아니라 학생이 다니는 학교에 좌우될 수 있다는 의미다." 특히 이들은 **"학생들이 쉽게 집중할 수 있고, 필요할 때 교사가 적절한 가르침을 제공하는 정돈된 교실환경은 모든 학생에게 도움이 되지만, 그중에서도 특히 취약계층 학생들에게 더 큰 도움이 된다."**라고 강조한다.

이 연구가 시사하는 바는 다음과 같다. 즉 교실에 최신 설비를 최대한 많이 갖춘다고 해서 학생들의 학업성취도가 향상되지 않는다. 그보다는 학습에 도움이 되는 경험·활동·문화를 조성하는 데 힘쓰는 것이 더 중요하다. 이는 우리에게 필요한 건 돈이 많이 드는 최신 설비가 아니라, 기회를 제공하고, 명확한 비전·가치·행동 방침을 갖추는 일이라는 의미이므로 다행스러운 소식이다.

63

과정의 시각화 vs.
결과의 시각화

 흥미로운 실험

시험을 한 주 앞둔 상황에서, 시험공부를 하는 모습을 머릿속에 그려보는 것이 더 좋을까, 아니면 시험을 잘 보면 어떤 일이 벌어질지를 그려보는 것이 더 좋을까? 연구진은 대학 신입생들을 대상으로 한 실험을 통해 이를 확인했다.

연구진은 일부 학생에게는 자신이 공부하는 모습을 시각화하도록 지시하고, 나머지 학생들에게는 시험에서 좋은 성적을 받았다는 것을 알게 되었을 때를 시각화하도록 했다. 그리고 시험에 대비해서 공부하는 그 기간에 학생들의 기분이 어땠는지, 공부를 얼마나 했는지, 그리고 성적이 어땠는지를 조사했다.

📈 밝혀진 사실!

1   시험 한 주 전에는, 자신이 시험을 잘 본 모습을 상상하기보다 공부하는 장면을 몇 분 동안 머릿속으로 그려본 학생들에게서 다음과 같은 효과가 보고되었다.

- 해야 할 일에 대한 계획이 더 명확했다
- 시험에 대한 긴장감이 덜했다
- 공부를 더 많이 할(공부하는 데 시간을 더 많이 쓸) 계획이었다
- 시험 결과가 더 좋을 것이라고 기대했다

2   시험 본 다음날 조사에서는, 자신이 시험공부를 하는 장면을 그려본 학생들에게서 다음과 같은 효과가 보고되었다.

- 마지막 주에 시험공부를 40퍼센트 이상 더 많이 했다
- 시험점수가 8퍼센트 이상 더 높았다
- 학급 평균보다 상당히 높은 점수를 받았다. 반면 시험을 잘 본 모습을 상상한 학생들은 평균 이하의 점수를 받았다

🔍 관련 연구

시각화(visualization)에 관한 기존의 연구들은 시각화가 긍정적인 감정을 불러일으키는 데 특히 유용해서, 결과적으로 학업성취에 영향을 준다는 사실을 발표했다(학습과학 58). 그러나 이 연구를 뒷받침하는 다른 연구에서는 시각화의 부정적인 측면을 발견했다. 흥미롭고 독특한 어느 연구에서는 살을 빼려고 노력하는 피험자들이 가령 몇 킬로그램을 감량하고 싶다는 식으로 자신이 원하는 결과를 시각화했을 때, 공짜 도넛의 유혹을 뿌리치지 못할 가능성이 더 높았다. 즉 결과에 지나치게 집중하면 해로운 결과를 초래하는 것으로 나타난 것이다.

　교육학 분야의 연구 중에도 이와 비슷한 결과를 발표한 사례들이 있다. 멋진 한 주를 머릿속에 상상하며 시간을 보낸 학생들은 실제로는 통제집단보다 활력이 떨어지고 학업성취도도 더 낮은 한 주를 보낸 것으로 드러났다. 마찬가지로, 완벽한 직장을 머릿속에 그리면서 시간을 보낸 학생들에게서도 이와 비슷한 결과가 확인됐다. 졸업 후에 이 학생들은 이런 식의 시각화를 하지 않은 학생들보다 일자리 제의도 덜 받았고, 초봉으로 받은 급여도 더 낮았다.

🏛 실제 활용하기

이 연구는 부모와 교사가 아이들을 어떻게 가장 잘 도울 수 있을지에 대한 지침을 준다. 다가오는 시험에 대비해서 아이들이 공부를 할 때, 그리고 시험공부를 하는 동안 자신의 감정을 잘 조절하도록 어른들이 어떻게 도움을 줄 수 있을지를 시사한다. 좋은 성과를 내는 데 필요한 행동에 초점을 맞추도록 지도하면, 그런 적절한 조치를 학생들이 이행할 가능성이 더 커진다. **결과에 지나치게 신경을 쓰면 할 일을 미루거나 잡념에 빠지는 습성이 더 강해지고, 여정 그 자체가 아니라 종착지에만 온통 관심이 쏠리면서 시험에 대한 걱정과 불안이 더 커질 수 있다.** 연구진의 말을 인용하면, 근본적으로 "의사가 되기를 꿈꾸는 학생은 의사가 된 모습을 상상하는 것보다는 그런 꿈을 이루기 위해 거쳐야 할 단계를 머릿속으로 그리는 것이 목표 달성의 가능성을 더 높인다."

저자들은 익명의 누군가를 인용해 "승리하겠다는 의지는 승리를 준비하겠다는 의지에 비하면 훨씬 덜 중요하다."라는 말로 논문을 마무리한다. 그리고 학생들은 '할 수 있다'는 태도 대신에 '어떻게 하면 될까?'라는 마음가짐을 갖는 것이 더 바람직하다고 덧붙인다.

64

교사들의 말하는 방식이
학생에게 미치는 영향

💡 흥미로운 실험

교사가 쓰는 말의 유형과 빈도는 학생들에게 얼마나 큰 영향을 미칠까? 교사가 별 생각 없이 툭 던진 말이 한참 뒤에도 학생들의 머릿속에 떠오르는 건 아닐까? 그리고 그런 말은 학생들이 어떤 과목을 배우고 있는지, 학생들의 성격이 어떤지에 따라서 각기 다른 식으로 영향을 줄까?

　　이런 의문을 해소하기 위해 이 연구에서는 어린 학생들이 교사가 말하는 방식을 어떻게 받아들이는지 조사하고, 그 결과를 그 학생들이 혼잣말하는 방식, 자신을 보는 관점, 학교에서의 성적과 대비해서 평가했다.

📈 밝혀진 사실!

1   교사가 자주 하는 긍정적인 진술은 다음과 같은 영향을 주는 것
   으로 밝혀졌다.

   - 학생의 긍정적인 자기대화와 직접적인 관련이 있다
   - 수학 실력과 직접적인 관련이 있다
   - 학생들이 자신을 훌륭한 학생으로 보는지 여부와 직접적
     인 관련이 있다
   - 학생이 자아개념(self-concept, 자기 자신에 대한 생각과 인식
     의 총체—옮긴이)을 이해하는 것과 직접적인 관련이 있다

2   교사가 자주 하는 부정적인 진술은 다음과 같은 영향을 주는 것
   으로 밝혀졌다.

   - 여학생들이 자신의 수학 실력을 어떻게 생각하는지를 예측
     할 수 있는 요인이다
   - 남학생들이 부정적인 자기대화를 얼마나 많이 하는지와 직
     접적인 관련이 있다

부모와 교사가 학생에게 말하는 방식과 학생이 혼잣말하는 방식의 관련성은 많은 연구에서 밝혀졌다. 일반적으로 이와 같은 연구에서 밝혀낸 사실은 다음과 같다. 즉 긍정적인 상호작용은 학생들이 자신을 더 긍정적으로 보도록 유도한다(학습과학 09)는 것이다. 그리고 부정적인 상호작용은 흔히 학생들의 부정적인 자기인식을 낳는다(학습과학 07). 더욱이 **부모와 교사가 아이에게 하는 말의 효과는 오랫동안 유지되는 경향이 있어서, 여러 해가 지난 뒤에도 그 말로 인한 결과와 믿음은 확고하게 남는다.**

이 연구에서 남자아이들과 여자아이들이 교사의 부정적인 자기대화에는 서로 다르게 반응했지만, 교사의 긍정적인 자기대화에는 비슷하게 반응했다는 점은 흥미롭다. 이런 차이에 관한 연구는 아직 초기 단계여서, 확실한 결론이 나올 때까지는 앞으로 더 많은 연구가 필요하다.

🏛 실제 활용하기

여기서 교사들이 직면하는 어려움은, 학생들이 과제에 대한 피드백과 자신에 대한 피드백이 별개라는 사실을 잘 이해하지 못할 때가 종종 있다는 것이다. 예컨대, 특정 과제나 활동에 관한 비판적인 피드백을 자신에 대한 공격으로 해석할 가능성도 있다. 따라서 **교사들은 (a) 피드백을 더 잘 수용하는 방법을 가르치고 (b) 긍정적이든 부정적이든 교사가 하는 말은 학생들에게 중대한 영향을 미칠 수 있으므로 학생들에게 하는 말을 아주 신중하게 골라야 한다.**

학생들이 어떤 식으로 혼잣말을 하는지도 대단히 중요하다. 또 다른 연구에서는 긍정적이고 유익한 자기대화는 사고관점, 회복탄력성, 자존감, 창의성, 집중력, 학습동기와 관련이 있는 것으로 밝혀졌기 때문이다. 자기대화를 다룬 연구들은 긍정적인 대화와 부정적인 대화의 이분법을 넘어서기 시작했다. 부정적인 자기대화도 적절한 상황에 사용된다면 그 이후 더 분발하도록 자극하는 데 도움이 될 수 있기 때문이다. 그래서 이제는 더욱 유익한 자기대화와 유익하지 못한 자기대화를 비교하는 데 연구의 초점이 주로 맞춰진다. 이런 연구들은 자기대화를 더 건설적이고 생산적인 관점에서 바라본다.

65

자녀에 대한
과잉 칭찬의 문제점

 흥미로운 실험

최근에 연구자들은 부모가 자녀와 나누는 대화의 유형과 빈도가 자녀의
발달에 얼마나 큰 영향을 미치는가를 조사했다. 연구진은 아동 565명
과 그 부모들을 2년 이상 지속적으로 관찰했다. 그리고 관찰기간 동안
부모와 그 자녀들에게 정기적으로 설문조사를 실시해서 부모가 자녀들
과 소통하면서 어떤 기분을 느꼈는지, 아이들은 이런 대화를 어떻게 인
식했는지, 그리고 대화 이후 어떤 결과가 나타났는지를 알아보았다.

    연구자들은 특히 부모의 과잉 칭찬(예를 들면, "내 아이는 다른 아
이들보다 특별하다"), 부모의 따뜻한 마음과 태도("내가 얼마나 사랑
하는지를 아이에게 알려준다"), 아이의 자존감("나 정도면 인간으로
서 스스로 만족스럽다"), 자아도취("나 정도 되는 아이들은 뭔가 남다
른 대접을 받을 만하다")를 살폈다.

📈 밝혀진 사실!

1   부모의 과잉 칭찬은 다음과 같은 결과를 낳았다

- 아이들에게서 자아도취적인 행동이 더 많이 나타났다
- 아이가 느끼는 자존감의 수준에는 차이가 없었다

2   부모의 따뜻함은 다음과 같은 결과를 낳았다

- 아이가 자존감을 더 많이 느꼈다.
- 아이에게 특별히 자아도취적인 성격이 형성되지는 않았다.

연구자들은 이렇게 결론지었다. "부모 교육을 통해 자녀의 자아도취적 성격 발달을 효과적으로 막을 수 있다. 이러한 부모 교육은 부모가 아이에게 '너는 다른 아이들보다 더 뛰어나다'는 뜻을 전하지 않으면서, 애정과 인정을 표현하는 데 도움이 된다."

자아도취증(나르시시즘)이라는 주제가 연구되기 시작한 것은 그리스 신화 속 인물 나르키소스(Narcissos)가 "내가 붙인 불꽃이 내가 가진 횃불이구나."라는 탄성을 내뱉은 데 사람들이 큰 관심을 갖게 되면서 부터였다. 학자들은 자아도취를 "자기 자신을 지나치게 좋게 생각하는 것"으로, 자존감은 "자기 자신을 실제로 좋게 생각하는 것"으로 설명하며 이 두 개념을 구분해왔다. 자존감은 불안과 우울감이 낮은 상태와 관련이 있다고 알려져 있는 반면, 자아도취는 스트레스, 모멸감, 다양한 정신건강 문제와 연관이 있는 상태로 분류된다.

과거에는 자녀에게 높은 자존감을 심어주려는 목표에서, 많은 부모가 아이들이 하는 모든 좋은 행동을 강화하려면 칭찬을 아끼지 말아야 한다는 조언을 따랐다. 하지만 안타깝게도 **과도한 칭찬은 기대치를 낮출 뿐 아니라 자존감을 높이지도 않으며, 오히려 피해야 마땅한 자아도취적인 행동을 유발하는 것으로 알려졌다.**

심지어 1세밖에 안 되는 어린 나이에도 아이가 듣는 칭찬의 유형이 5년 뒤 그 아이가 어떤 사고관점을 갖게 될지 예측할 수 있는 요인이 되며, 타고난 재능과 성과에 대한 칭찬을 들은 아이는 행동과 노력, 방법에 대한 칭찬을 들은 아이들보다 고정관점을 갖게 될 가능성이 더 큰 것으로 밝혀졌다(학습과학 19).

🏛 실제 활용하기

이 연구의 저자들은 이렇게 말한다. **"아이들은 자신에게 중요한 타인들이 자신을 어떻게 생각하는지에 따라 자신을 보게 된다. 마치 다른 사람의 눈으로 자신을 보는 법을 배우기라도 하듯이 말이다."** 그리고 다음과 같이 덧붙인다.

> "부모가 내 아이는 더 특별하고 다른 아이들보다 더 많이 누려야 마땅하다고 생각할 경우, 자녀의 내면에는 자아도취의 핵심인 '나는 특별한 사람'이라는 생각이 자리 잡는다. 반면에, 부모에게서 애정과 인정을 받으며 자란 아이들에게는 자존감의 핵심인 '나는 가치 있는 사람'이라는 생각이 자리 잡는다."

66

망각곡선과 기억의 기술

 흥미로운 실험

독일의 심리학자 헤르만 에빙하우스(Herman Ebbinghaus)는 1880년대에 유명한 실험을 진행했다. 시간의 흐름에 따라 사람들이 얼마나 빨리 기억을 잃어버리는지 알아보는 실험이었다. 그는 사상 최초로 망각의 패턴을 묘사한 수학공식을 찾기 위해 노력했다. 그 결과 탄생한 '망각곡선(forgetting curve)'은 다음과 같다.

에빙하우스의 망각곡선

그로부터 130여 년의 세월이 흐른 뒤, 암스테르담대학교의 연구진은 에빙하우스의 실험을 현대화된 통계분석과 실험절차를 이용해서 반복 실험해보고자 했다.

📈 밝혀진 사실!

1   에빙하우스가 발견한 결과가 전반적으로 재확인됐다. 어떤 일에 대한 기억은 그 일이 발생한 직후부터 하락하며, 그런 하락세는 시간이 흐르면서 점차 완만해진다.

2   하지만 이 연구에서는 24시간 뒤에 실험 참가자들의 기억이 한 차례 향상된 것으로 나타났다. 전날 밤보다 이튿날 아침에 더 많은 것을 기억했는데, 이 현상은 피곤으로 기억력이 저하됐고 수면의 힘으로 그런 영향이 상쇄됐기 때문으로 해석된다.

3   사람들은 중간에 배운 내용보다 맨 처음에 배운 것과 맨 나중에 배운 것을 더 잘 기억하는 경향이 있다. 이런 현상은 각각 초두효과(primacy effect)와 최신효과(recency effect)라고 불린다.

4   연구진은 '망각곡선'이 고정불변의 것이 아니라고 설명한다. 망각곡선은 참고사항 정도로 여기는 편이 적절하다.

인지심리학, 교육심리학, 발달심리학의 반복실험에서 최초의 연구결과와 일치하지 않는 결과가 나오는 경우가 갈수록 많아지고 있다. 그렇기에 이처럼 오랜 세월 이어져 내려오는 연구들은 더욱 특별한 가치가 있다. 이 연구의 저자들은 다음과 같이 에빙하우스를 칭송한다.

"그는 일찍이 심리학 실험의 새로운 표준을 마련했다. 간결한 수학적 설명을 찾고 더 나아가 결과를 입증하기 위해 조건화된 자극, 오전·오후 시간에 따른 영향 상쇄, 선택적 중단(optional stopping) 경계하기, 통계자료 분석, 그리고 모델링과 같은 '현대적' 개념을 이미 구체화했다. 그 결과 이 분야에서 명실상부한 전통으로 자리 잡은 뛰어난 수준의 망각곡선이 만들어졌다. 우리의 연구를 포함한 반복 연구들은 에빙하우스 연구의 건실함을 입증한다."

학계 연구자들은 지난 몇 십 년 동안 이 대표적인 연구를 토대로 '시간 간격을 둔 반복연습(spacing)'의 역할(학습과학 04)을 조사해왔다. 그 결과 사람들은 대개 정보를 금세 잊어버리기 때문에 반복해서 확인하는 것이 중요하다는 사실이 밝혀졌다. 정보가 장기기억으로 굳어지려면 망각하고 다시 배우는 과정을 거쳐야 한다. 기본적으로 **하루에 1시간씩 7일 동안 배우는 것이 하루에 7시간 동안 한꺼번에 배우는 것보다 더 효과적이다. 하루에 7시간 동안 배운 것은 에빙하우스 망각곡선의 특성상 금세 잊힐 것이기 때문이다.**

🏛 실제 활용하기

이 연구 분야는 아이들이 학습하는 방식에 시사하는 바가 크다. 모듈화된 시험이 점점 드물어지는 상황에서, 우리는 어떻게 하면 아이들이 2년 동안 배우는 엄청나게 많은 양의 교과를 잊어버리지 않고 잘 익히게 할 것인가라는 문제에 직면해 있다. **모듈 1을 배우고, 그다음에 모듈 2를 배우고, 이어서 모듈 3을 배우는 방식은 분명히 비효율적이다. 모듈 20을 배울 때쯤에는 모듈 1의 내용은 모두 잊힐 것이기 때문이다. 그러므로 이전에 배운 부분을 주기적으로 꾸준히 돌아보고 복습하는 것이 이치에 맞다.**

이에 관해서는 다음과 같이 생각하는 것이 최선이다. 즉 무언가를 배웠다고 그것이 기억으로 완전히 남는 것은 아니다. 다루었던 주제들을 반드시 돌아보고 다시 가르쳐야 한다. 그렇게 해야 아이들이 망각곡선을 극복하고 최대한 많은 내용을 기억할 수 있다.

67

숙제는 얼마나 자주
내줘야 할까?

 흥미로운 실험

학생들에게 숙제를 얼마나 자주 내줘야 할까? 숙제를 하는 데 드는 시간에 따라 차이가 날까? 힘들더라도 학생들이 숙제를 혼자서 해야 할까, 아니면 부모의 도움을 받는 것이 좋을까? 연구자들은 이 질문의 답을 찾기 위해 스페인에 거주하는 십대 청소년 7,451명을 조사했다. 이 학생들의 평균 나이는 14세에 조금 못 미쳤다.

📈 밝혀진 사실!

1 선생님이 꾸준히 숙제를 내준 학생들은 숙제를 가끔 한 학생들 보다 성적이 훨씬 높았다.

2 숙제의 빈도는 학생들이 숙제를 하면서 보내는 시간의 양보다 더 중요한 것으로 나타났다.

3 하루에 90-110분 동안 숙제를 하는 학생들이 가장 높은 점수 를 받았다.

4 그런데 90-110분 동안 숙제하는 것이 가장 효과적이기는 해도 가장 효율적인 것은 아니었다. 1시간이 지난 이후에는 투자한 시간 대비 성적향상이 가장 작아서, 시간을 추가로 투자하는 게 좋다고 주장할 근거가 없었다.

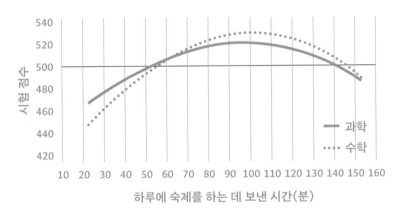

5 숙제를 혼자 힘으로 해낸 학생들은 부모가 도와준 학생들보다 시험에서 10퍼센트 정도 높은 점수를 받았다.

🔍 관련 연구

지금까지의 연구 대부분은 숙제와 학업성취도 사이에 확실한 관련성이 있다고 보고했다. 그런 연구들은 영국, 독일, 네덜란드, 스위스 등에서 시행된 것들이다. 모든 연구가 결정적인 증거를 내놓은 것은 아니지만, **숙제와 학업성취가 비례관계가 아니라는 사실만큼은 확실하다. 다시 말해서, 숙제가 많다고 무조건 좋은 것은 아니다.**

이 연구는 빈도, 지속시간, 학생이 혼자 힘으로 숙제를 하는지 여부를 조사함으로써, 다른 연구들에서 다루지 않은 미묘한 관점을 더했다. 숙제를 혼자서 하면 자율성을 키울 수 있는데, 자율성은 자기조절 능력을 높이는 데 기여한다고 알려져 있다. 한편 교사가 숙제를 얼마나 자주 내는지가 아니라 숙제의 질이 중요하다는 사실도 기존의 연구에서 밝혀졌다.

마지막으로 학생들의 나이와 숙제의 장점도 여러 연구에서 조사됐다. 중고등학교에 다니는 학생들의 경우 숙제와 성적 간에 긍정적인 관계가 있었다. 그러나 초등학교 학생들의 경우에는 그렇지 않아서, 숙제의 긍정적인 영향은 아주 제한적이었다.

🏛 실제 활용하기

이 연구의 저자들은 다음과 같이 강조한다.

"본 연구의 자료는 교사들에게 분명한 메시지를 전한다. 숙제는
제대로 활용하기만 하면 학교교육을 받는 청소년에게 여전히 꼭
필요한 수단이다. … 엄청나게 많은 양의 숙제를 내줄 필요는 없
지만, 공부습관을 들이고 자율적이고 자기주도적인 학습을 유도
한다는 목표에 따라 체계적·규칙적으로 과제를 내주는 것이 중
요하다. 배운 내용을 복습하는 용도로만 숙제를 활용해서는 안
된다. 그런 유형의 숙제는 학생들이 노력을 덜하게 만들고 성과
도 낮은 것으로 알려져 있다. … 결론적으로 숙제와 관련해서는
'어떻게'가 '얼마나 많이'보다 더 중요하다."

이런 결과는 (a) 교사들이 숙제를 내주고 검사하는 데 상당한 시간을
투자하고 (b) 일부 학생은 숙제를 하면서 지나치게 많은 시간을 보낸
다는 점을 고려할 때 상당히 의미가 깊다. 이 연구는 적당한 유형의
숙제를 적당히 내줌으로써 학생들의 학업 부담을 줄이고 학업성적을
높이는 데 도움을 줄 수 있다는 사실을 전한다.

68

성장관점이 중요한 까닭

 흥미로운 실험

실험 조건에서 진행된 연구에서는 자신이 성장관점(growth mind-set, 향상될 수 있다는 믿음)을 갖고 있다고 생각하는 학생들은 고정관점(fixed mindset, 능력은 불변한다는 믿음)을 갖고 있다고 생각하는 학생들보다 생산적인 방식으로 생각하고, 뒤이어 수행한 과제에서도 더 뛰어난 성과를 거뒀다. 그런데 이런 현상은 학교 밖 현실세계에서도 그대로 나타날까?

연구자들은 학생 500명의 대학생활 4년을 지속적으로 추적 관찰해서 성장관점이나 고정관점이 그들의 생각, 기분, 행동에 어떻게 영향을 미치는지를 알아보았다. 조사한 내용에는 성공, 실패, 자존감의 변화를 어떻게 설명했는지도 포함됐다.

📈 밝혀진 사실!

1 성장관점을 갖는 학생들에게서는 다음과 같은 경향이 나타났다.

- 성과목표보다 배움의 목표를 우선시한다
- 성공을 자신의 노력과 스터디 스킬 덕분이라 생각한다
- 자신의 학업성과에 흥미, 열정, 열의를 느낀다
- 어려움에 직면하면 더 많은 노력을 쏟아 붓고, 실패에서 교훈을 얻는다
- 십대 후반에 자존감이 높아진다

2 고정관점을 갖는 학생들에게서는 다음과 같은 경향이 나타났다.

- 배움보다 당면한 성과를 우선시한다
- 성공과 실패 모두를 통제 불가능한 외적 요인(예를 들면, 운)의 탓으로 돌린다
- 자신의 학업성적에 괴로워하고, 창피해하고, 속상해한다
- 어려움에 직면하면 무력함을 느끼며 포기해버린다
- 십대 후반에 자존감이 낮아진다

🔍 관련 연구

이 연구는 성장관점을 가진 사람들과 고정관점을 가진 사람들의 서로 다른 행동과 사고과정을 밝힌 기존의 연구결과(학습과학 05, 학습과학 14)를 뒷받침한다. 실험실을 벗어나 현실세계의 여러 상황에서 이와 관련된 연구들이 진행되고 있는데, 고무적인 현상이다.

한 흥미로운 연구 분야에서는 성격이 고정된 것이 아니라는 점을 학생들이 인식하도록 도와주면 불안과 우울 증세가 줄어든다는 사실이 밝혀졌다. 또 학생들이 스트레스에 대해 긍정적인 관점을 갖도록(다시 말해, 스트레스가 항상 나쁜 것만은 아니라는 것을 깨닫게) 도우면, 역경에 처했을 때 더 나은 성과를 낸다고 한다(학습과학 51).

이 연구에서 밝혀진 내용 중 성장관점을 갖고 있는 학생들이 성과목표보다는 배움 자체를 택할 가능성이 더 크다는 사실은 흥미롭다. **배움에 목표를 둔 학생들은 더 오랜 시간 과제를 수행하고, 더 열심히 노력하고, 회복탄력성이 높고, 도전적인 과제를 선택하고, 자신감이 높고, 자신이 수행한 과제에 대한 만족감이 높다**는 사실이 다른 연구에서 밝혀졌기 때문이다.

🏛 실제 활용하기

이 연구는 자신을 어떻게 생각하는지가 성공과 실패를 보는 관점, 자존감, 실질적인 미래의 목표에 영향을 미칠 수 있다고 강조한다. **성장관점 이론은 단순히 학업성적을 초월해 아이들이 자신의 교육 경험을 바라보는 관점을 근본적으로 바꾸어서, 자신이 통제할 수 있는 범위가 생각보다 넓다는 인식을 키워줄 수 있다.**

연구자들은 고정관점을 가진 아이들에 대해 다음과 같이 설명한다.

> "고정관점을 가진 아이들은 학업성과(성공과 실패 모두)를 외적 측면에서 설명한다. … 그러므로 이들은 정말로 무력감을 느끼며, 성공과 실패가 자신이 통제할 수 있는 게 아니라고 여긴다. 이를테면 일종의 덫에 걸린 것과 같다. 이들은 노력해 높은 학업성취를 이루더라도 이를 운 때문으로 돌린다."

반면 성장관점을 지닌 아이들은 "성적을 높이려면 그저 더 열심히 노력하고 더 좋은 학습전략을 쓰면 된다고 믿는다."라고 설명한다. 따라서 아이들을 성장관점으로 이끌면, 학교생활을 더 원만하고 훌륭하게 해나가는 데 유용한 전략을 제공하는 셈이 된다.

69

수업 전에
질문을 먼저 해도 될까?

 흥미로운 실험

학생들이 배운 내용을 얼마나 많이 알고 있는지 확인하기 위해서는 수업이 끝난 뒤나 복습시간에 질문을 하는 것이 일반적이다. 그런데 교과내용을 배우기 전에 질문하면 배울 내용을 더 잘 기억하는 데 도움이 될까? 아이오와주립대학교의 연구진은 최근 '사전 질문하기(pre-questioning)'라는 기법의 효과를 확인하기 위한 실험을 진행했다.

📈 밝혀진 사실!

1   사전 질문을 받은 학생들은 받지 않은 학생들보다 시험에서 훨씬
    더 좋은 점수를 받았다.

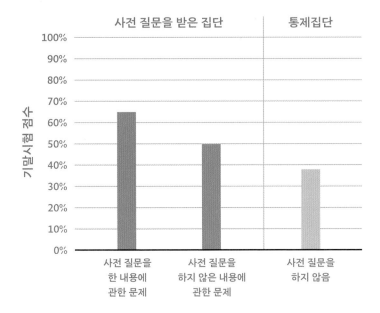

2   이런 효과는 단순히 사전 질문을 한 내용에만 국한되지 않았다.
    사전 질문을 받은 집단의 학생들은 사전 질문을 하지 않은 내용
    의 문제에서도 점수가 24퍼센트 더 높았다.

🔍 관련 연구

이 주제를 다룬 연구들에 따르면 사전 질문은 객관식, 주관식, 빈칸 메우기, 단답식 등 질문 유형에 관계없이 모두 효과가 있었다. 연구자들은 이런 효과가 나타나는 이유로 다음 3가지 가능성을 제시한다. 첫째, 사전 질문은 학생들에게 수업에서 다룰 내용의 특성을 사전에 검토해볼 기회를 준다. 둘째, 이런 질문은 학생들의 호기심과 관심을 높인다. 셋째, 이미 다 안다고 생각하고 수업을 듣는 학생들의 자만심을 줄이는 데 도움이 될 수 있다. 그러면 학생들은 더 열의를 보이고 열린 자세로 수업에 임한다.

여기서 주의할 점이 있다. 학생들이 각자 진도에 맞는 읽기활동을 수행하기 전에 사전 질문을 받으면 오히려 학습에 방해가 될 수 있다는 것이다. 어째서 그런 걸까? 연구자들은 다음과 같이 설명한다.

"사전 질문은 참가자들이 읽기활동을 하면서 사전 질문과 가장 관련이 깊은 정보에만 관심을 기울이고, 사전 질문과 관련이 없는 정보에는 관심을 덜 기울이게(혹은 완전히 건너뛰게) 만들기 때문에 정보의 선택적 처리를 부추길 수도 있다."

🏛 실제 활용하기

연구진은 사전 질문의 효과가 교사들에게는 반(反)직관적으로 느껴질 수도 있다는 점을 인정한다. '아직 배우지 않은 내용에 관한 질문에 과연 어떻게 답할 수 있을까?'라는 의문이 들 것이기 때문이다. 하지만 이들은 "사전 질문이 학생들의 부호화(encoding, 외부로부터 들어오는 정보를 장기기억에 저장되어 있는 기존의 정보와 연결하고 결합하는 과정—옮긴이) 과정을 크게 향상시키고 나중에 배울 정보를 더 잘 기억하는 데 도움을 줄 수 있다."라고 강조한다. 그러므로 수업을 시작하는 방법으로 고려해볼 가치가 있다. **서두에 학습목표나 수업의 최종 성과를 설명하기보다는 배울 내용에 관해 질문하는 것이 더 효과적인 방법이 될 수도 있다.**

앞서 언급했듯이 사전 질문하기에는 부정적인 측면이 있을 수 있다. 특히 교사가 수업(즉, 학생들의 주도적인 읽기활동)의 진행 속도를 제대로 통제하지 않을 경우에 그렇다. **사전 질문은 학습내용을 동영상이나 파워포인트로 제시하는 수업에 사용될 때 최적의 효과를 낼 수 있다.** 사전 질문에 따른 기억력 향상 효과가 얼마나 유지되는지에 관해서는 아직 연구가 진행 중이므로, 수업을 시작하면서 호기심을 유발하는 용도로 사용하거나, 기억력을 높이는 데 효과가 있다고 알려진 인출연습(retrieval practice, 학습과학 23), 시간 간격을 둔 반복연습(spacing, 학습과학 04), 인터리빙(interleaving, 학습과학 15) 같은 방법들과 병행해서 사용하면 가장 효과적일 것이다.

학습자 유형에 맞춰 지도하는 것이 효과적이라는 미신

 흥미로운 실험

학습자 유형 이론(learning style theory)에 따르면 모든 사람에게는 시각, 청각, 운동감각 등을 활용한 자신만의 '학습자 유형'이 있으며, 개개인의 학습자 유형을 고려한 방식으로 지도했을 때 더 나은 성과를 낸다고 한다. 그런데 이 이론을 뒷받침하는 증거가 과연 있을까?

미국의 심리학 교수 4명은 학습자 유형 이론 지지자들이 지금껏 내놓은 주장을 철저히 검토해서 그 질문에 대한 답을 내놓았다.

📈 밝혀진 사실!

1 **유형이 아닌 선호:** 학생들은 배움의 과정에서 각자 선호하는 방식이 있을 것이다. 하지만 이것은 학습자 유형과는 달라서, 가장 잘 배우는 방법이라기보다는 학생들 각자가 가장 좋아하는 방법이라고 보아야 한다.

2 **긍정적인 결과의 부재:** 연구자들은 학생들의 학습자 유형에 맞게 가르친 결과 더 나은 성과를 얻었다는 연구를 단 한 건도 찾을 수 없었다.

3 **부정적인 결과의 증거:** 학생들이 가장 선호하는 방식으로 가르쳤지만 성과가 나타나지 않았다는 증거는 상당히 많았다. 이런 사실은 교육, 의학, 심리학 실험을 포함한 다양한 맥락에서 실제로 확인됐다.

4 가르치는 방식은 가르칠 내용을 바탕으로 정해야 한다. 예컨대, 연구자들은 이렇게 설명한다. "작문수업에서 최적의 커리큘럼은 언어적인 내용에 치중하는 것이고, 기하학을 가장 효과적으로 가르치려면 당연히 시공간적 자료와 내용을 다루어야 한다."

5 학생 각자의 학습자 유형을 고려한 교수법의 긍정적인 효과를 찾을 수 없었지만, 설사 그 효과가 확인됐다 하더라도 투입된 많은 시간, 에너지, 비용을 상쇄할 만큼 효과가 엄청나게 커야 했을 것이다.

🔍 관련 연구

2012년의 한 조사에서는 영국 교사의 93퍼센트가 학습자 유형 이론을 믿고 있어서, 학교 현장에서는 여전히 이 이론에 대한 믿음이 팽배하다는 사실이 확인됐다. 학습자 유형 이론의 실제 효과를 보고한 연구가 전혀 없기 때문에 관련 연구에 대해 논하는 것 자체가 힘들다. 그리고 그것이 바로 본 논문에서 밝힌 주요 결론이었다.

하지만 이와 관련해 주목할 만한 연구가 있기는 하다. **학생들이 다양한 감각을 사용하도록 가르치면, 주의집중을 유도하고 장기기억 형성에 기여해서 더 나은 학습효과를 낳는 경우가 많다**는 연구였다. 이 연구결과는 학생의 학습자 유형을 고려한 교수법이 효과적이지 않을 뿐 아니라, 학생들이 더 많이 배울 가능성을 제한할 수도 있음을 암시한다.

🏛 실제 활용하기

학습자 유형 이론이 교육현장에서 큰 인기를 얻은 이유는 무엇일까? 연구진은 사람들을 범주에 따라 분류하려는 욕구 이외에도 다음과 같은 이유가 있을 것이라고 설명한다.

"누구든 본인 또는 자녀의 학교성적이 신통치 않을 때, 본인이나 자녀에게 문제가 있어서라기보다 교육제도에 문제가 있기 때문이라고 생각하는 편이 훨씬 마음이 편할 것이다. 즉 개인의 입장에서는 각자의 능력이나 노력이 모자라서가 아니라 올바르지 않은 방법으로 배워서 성적이 낮다는 설명에 귀가 솔깃하게 되는 것이다."

연구진은 교육계가 행동에 나설 것을 촉구하면서 다음과 같은 진술로 논문을 마무리한다.

"교육이 확실한 증거에 토대를 둔 분야로 새롭게 변화하기 위해서는, 교수법이 실험적 증거로 뒷받침되었는지를 확인해야 할 뿐 아니라, 많은 교사가 현장에서 적용하는 일반적인 믿음에 경험적인 증거가 존재하는지를 반드시 확인해야 한다. **현재 학습자 유형 이론이 일반적인 교육과정에 적합하다는 증거는 어디에도 없다.** 그러므로 이 이론을 적용해서 교육자원을 제한하기보다는 많은 연구로 뒷받침되는 강력한 증거가 있는 다른 교육방식을 도입하는 편이 바람직할 것이다."

71

밥상머리 교육의 힘

 흥미로운 실험

가족이 함께 앉아서 식사하는 경우가 예전보다 훨씬 드물어졌다. 그런데 가족과 함께 밥을 먹는 것이 학생의 발달에는 어떤 영향을 미칠까? 이를 알아보기 위해 연구진은 213개 도시에 거주하는 10만 명 정도의 학생들을 설문조사했다.

📈 밝혀진 사실!

1   십대 초반의 학생들 절반 이상은 가족과 함께 저녁식사를 하는
    횟수가 매주 5-7회였다. 십대 후반이 되면 이 수치는 3분의 1을
    가까스로 넘는 수준으로 낮아졌다.

2   가족과 자주 저녁식사를 하는 아이들은 다음과 같은 측면이 향상
    된 것으로 밝혀졌다.

- 가족 간의 대화
- 부모의 학교활동 참여
- 학습의욕
- 학교활동 참여, 숙제하면서 보내는 시간
- 자존감
- 계획을 세우고 결정을 내리는 능력
- 미래에 대한 긍정적인 생각과 태도

3   가족과 함께 자주 저녁식사를 하는 아이들에게서는 다음과 같은
    징후가 더 적게 나타났다.

- 음주
- 흡연
- 약물 사용
- 우울증 징후
- 반사회적인 행동
- 폭력적인 성향
- 학교에서의 문제행동

🔍 관련 연구

가족이 함께 저녁식사를 하는 빈도뿐 아니라 식사 중에 무엇을 하는지 조사한 연구들도 있다. 그중 한 연구는 가족과 밥을 먹으며 텔레비전을 보는 아이들이 3분의 1에 이른다고 보고했다. 텔레비전을 보며 식사하는 것은 채소를 덜 먹고, 탄산음료를 더 많이 마시고, 지방을 더 많이 섭취하는 결과와 관련이 있었다. 그렇더라도 이 아이들은 가족과 함께 저녁식사를 하지 않는 아이들보다는 건강한 식사를 했다.

가족이 함께하는 저녁식사는 청소년의 식사습관 형성에 도움이 되며, 그런 습관은 성인기까지 이어지는 것으로 확인됐다. 이는 어릴 때 아침식사를 규칙적으로 한 아이들에게서 이와 유사한 효과가 나타난 것(학습과학 35)과도 일치하는 결과다. 조사에 의하면 가족이 저녁식사를 함께하고 규칙적으로 아침식사를 하는 빈도가 둘 다 지난 30년 동안 줄었지만, 먹는 음식과 식사시간을 계획적으로 조절하면 이런 경향도 바꿀 수 있다.

🏛 실제 활용하기

비록 이 연구는 인과관계가 아니라 연관관계를 조사한 것이지만 연구진은 이렇게 강력히 제안한다. "청소년은 식사시간에 가족과의 상호작용을 통해서 사회적인 스킬을 배우고 자아존중감을 키울 수 있을 것이다." 이 견해는 다음 3가지 흥미로운 의문을 제기한다. 첫째, 가족들이 함께 식사하는 시간이 거의 없는 학생들에게는 어떤 현상이 나타날까? 이런 부분에 대한 고려가 그 학생을 파악하고 그들의 일상생활을 이해하는 데 조금이라도 도움이 될까? 둘째, 남들과 함께 식사하는 경험을 해보지 못하고 자라는 학생들에게는 어떤 식으로 도움을 줄 수 있을까? 요즘에는 많은 학교에서 돌봄교실을 운영하고 있다. 돌봄교실에서는 이런 경험을 통해 학생들이 타인과의 관계 맺기 연습을 할 수 있도록 기회를 제공하는 데 목표를 두고 있다. 셋째, 가족이 함께 식사하는 경험의 가치를 부모들에게 알리는 것이 얼마나 중요한지 되돌아보게 한다. 부모 중에는 늦게까지 일하는 사람들이 많기 때문에 자녀와 함께 저녁식사를 하는 일이 쉽지 않을지도 모른다. 그러나 **가족과의 저녁식사가 자녀의 인성교육과 학업성취에 모두 도움이 된다는 사실을 알려서, 부모가 자녀와 함께 식사하는 시간을 최대한 늘리도록 유도할 수도 있을 것이다.**

72

노트북 필기 vs. 노트 필기
효과 비교

 흥미로운 실험

과학기술은 교육에서 그 어느 때보다 큰 역할을 하고 있다. 이제는 학생들이 노트북 컴퓨터나 태블릿 PC 같은 전자기기를 사용해서 필기하는 모습을 흔히 볼 수 있다. 그런데 직접 손으로 필기하는 것과 전자기기로 필기하는 것 중에 어느 쪽이 더 효과적일까?

연구진은 사용하는 기기에 따라 필기 유형이 어떻게 다른지, 수업 시간에 배운 내용을 나중에 얼마나 잘 적용했는지, 기말시험 성적에서 어떤 차이가 나타났는지를 조사했다.

📈 밝혀진 사실!

1   노트북 컴퓨터에 필기한 학생들은 개념을 응용하는 문제에서 더 낮은 점수를 받았다.

2   노트북 컴퓨터에 필기한 학생들은 직접 손으로 필기한 학생들보다 단어를 30퍼센트 더 많이 적었다. 들은 내용을 글자 그대로 받아 적을 가능성이 컸는데, 이 경우 타이핑하는 내용을 굳이 생각할 필요가 없기 때문에 깊이 있는 학습으로 이어지지 않았다.

3   강의내용을 노트북 컴퓨터에 글자 그대로 받아 적는 것의 단점을 학생들에게 설명해줘도 아무런 소용이 없었다. 학생들은 여전히 그렇게 했다.

4   학생들에게 필기내용을 복습할 시간을 준 뒤에 시험을 봤을 때, 직접 손으로 필기한 학생들은 노트북 컴퓨터에 필기한 학생들보다 더 높은 점수를 받았다.

🔍 관련 연구

최근의 한 연구에서는 위 연구와 조금 다른 결과가 나왔다. 하지만 아직 확실히 밝혀진 사실은 없으며, 다른 많은 연구에서 노트북 컴퓨터로 강의내용을 필기하는 학생들은 인터넷 동영상, 소셜미디어(SNS), 온라인 쇼핑을 비롯한 수많은 유혹에 빠지기 쉬워서 과제에 집중하기가 더 힘들다는 사실이 밝혀졌다는 점도 주목할 필요가 있다.

학생들이 노트북 컴퓨터에 어떤 방식으로 필기를 하는가에 따라서도 차이가 난다. **노트북 컴퓨터에 필기할 때는 손으로 쓸 때보다 더 빨리 타이핑할 수 있어서 강의내용을 글자 그대로 받아 적을 가능성이 더 컸다. 그런데 그렇게 되면 뇌의 인지처리 과정을 덜 거치게 되기 때문에 정보를 잊지 않고 기억 속에 유지하는 파지(retention)율이 낮아진다.** 이 연구의 저자들은 손으로 필기를 하는 학생들이 더 좋은 성적을 얻는 이유로, 손으로 필기를 하면 더 천천히 쓰기 때문에 어쩔 수 없이 "더 중요한 정보만 골라서 노트에 적어야 하고, 결과적으로 배운 내용을 더 효율적으로 공부하게 된다."라고 덧붙였다.

🏛 실제 활용하기

연구진은 "노트북 컴퓨터는 더 쉽게 필기를 하도록 도움을 준다는 본래의 의도로 활용되더라도(어쩌면 그런 의도로 활용될 경우 더더욱) 시험성적에 부정적인 영향을 끼칠 수 있다."라는 분명한 경고의 말로 논문을 마무리한다. 기본적으로 **학생들은 필기를 너무 쉽게 하려고 하지 않는 편이 좋다. 깊이 생각하고 깊이 배울 기회가 줄어들기 때문이다.** 혹은 연구진의 말을 빌려 '바람직한 어려움(desirable difficulty)'에 진정한 가치가 있다고도 할 수 있겠다.

노트북 컴퓨터가 더 많은 정보에 재빨리 접속하는 등 나름의 장점이 있는 것은 사실이지만, 그에 따른 기회비용이 존재하기 때문에 "적절한 주의가 필요하다. 노트북 컴퓨터가 점점 더 많은 사람에게 사랑받고 있지만, 교실에서는 득보다는 실이 더 많을지도 모른다."라는 연구진의 제안을 참고하는 것이 좋겠다.

73

아이들은 왜
다수의 뜻에 동조할까?

 흥미로운 실험

아이들은 뚜렷한 자기 의견을 가지고 있을까, 아니면 다수의 의견을 따를 가능성이 클까? 혹시 아이들은 다수로 구성된 집단이 잘못된 일을 하고 있다고 생각하면서도 여전히 그들의 행동에 동참할까? 이런 현상은 '밴드왜건 효과(bandwagon effect)'라고 불린다. 밴드왜건 효과는 다른 사람들이 하는 행동을 따를 가능성을 의미한다.

이 실험에서는 한 무리의 학생들에게 그림 속 선의 길이가 어느 정도라고 생각하는지 공개적으로 대답해달라고 요청했다. 그곳에 있는 다른 모든 사람은 틀린 답을 말하도록 지시 받았고 이를 피험자 한 사람만 모르고 있었다. 이 경우 피험자는 맞는 답을 말할까, 아니면 집단의 의견에 동조해서 틀린 답을 말할까?

📈 밝혀진 사실!

1   실험의 약 3분의 1에서, 피험자가 집단의 의견에 동조해 틀린 답을 내놓았다.

2   주위에 사람들이 있을 때는 75퍼센트가 적어도 한 번 이상 틀린 답을 내놓았다.

3   주위에 아무도 없이 혼자 있을 때는 옳은 답을 진술한 비율이 99퍼센트 이상이었다.

4   실험 뒤에 진행된 인터뷰에서 집단의 의견에 동조해서 틀린 답을 말한 피험자들은 확신이 안 섰기 때문에 집단의 결정이 최선일 것이라고 생각했다거나, 다른 사람들 모두 틀렸다는 것을 짐작했지만 집단의 의견에 맞추고 싶다는 생각에 그런 답을 내놓았다고 대답했다.

솔로몬 애쉬(Solomon Asch)는 후속연구를 통해 사람들이 어떤 조건에서 순응할 가능성이 가장 큰지 조사했다. 그는 잘못된 답을 진술하는 사람들이 몇 명인지가 영향을 미친다는 사실을 발견했다. 틀린 답을 말하는 사람이 1명일 때는 오답률이 3퍼센트이지만, 2명일 때는 13퍼센트로 증가하고, 3명이면 32퍼센트까지 높아졌다. 3명 이상이면 오답을 말하는 사람들의 숫자가 증가하더라도 동조하는 비율이 바뀌지 않는 듯했다.

최근의 연구에서는 밴드왜건 효과가 심리실험 이외의 상황에도 나타난다고 보고했다. 예를 들면, 호텔 투숙객들은 다른 투숙객들이 수건을 재사용하고 있다고 믿으면 자기도 그렇게 할 가능성이 크다는 (그에 따라 호텔은 세탁비용을 절감할 수 있다는) 사실이 밝혀졌다.

의사결정에 타인이 미치는 영향에 관해서는 청소년을 대상으로 광범위한 연구가 진행되었다. **흥미롭게도 흡연, 미성년자의 음주, 과속운전처럼 대부분의 위험한 행동은 남들과 함께 있는 상황에서 주로 벌어진다. 이를 통해 사람들 모두 밴드왜건 효과의 영향을 받지만, 십대들에게는 그런 경향이 특히 두드러진다는 사실을 알 수 있다**(학습 과학 08).

🏛 실제 활용하기

이와 관련된 연구는 교사와 부모에게 2가지 측면에서 흥미로운 시사점을 준다. 첫째, 사람들은 '집단사고(group-think)' 상태가 되기 쉽다. **집단사고는 어떤 제안에 대해서 많은 사람이 좋다고 이야기할 때 그 제안의 좋음과 나쁨을 비판적으로 평가하지 못하는 경우를 뜻한다.** 일시적인 유행이나 뇌에 관한 잘못된 속설이 교육과 대중의 의식에 흘러들 수 있는 이유가 바로 여기에 있다.

둘째, 밴드왜건 효과는 어째서 아이들이 집단의 일원이 되면 혼자 있을 때와는 다른 방식으로 생각하고 행동하는지 설명해준다. 이 연구에서 일부 피험자들은 다른 사람들이 내놓은 답이 틀리다는 사실을 알았지만, 사회적 압력 때문에 그들과 똑같은 답을 말했다고 털어놓았다. "그저 다른 사람들도 다 그렇게 하기 때문에" 그릇된 선택을 내리기보다는 뚜렷한 자기 생각을 갖도록 아이들을 격려하면, 힘든 청소년기를 슬기롭게 헤쳐나가는 데 필요한 중요한 능력을 키울 수 있을 것이다.

위대한 과학자의
힘겨운 시절

 흥미로운 실험

연구진은 학생들이 성공한 과학자들의 생애와 고난에 관한 이야기를 듣는 것이 성적에 영향을 주는지, 만약 그렇다면 어떤 영향을 주는지를 조사했다. 연구진은 실험에 참가한 학생들을 세 집단으로 나누었다. 각 집단은 알베르트 아인슈타인(Albert Einstein), 마리 퀴리(Maria Curie), 마이클 패러데이(Michael Faraday)에 관한 서로 다른 이야기를 들었다. 한 집단은 실험에 실패한 경우처럼 힘겨웠던 순간에 대해, 그리고 그 어려움을 극복하려는 집요한 노력에 대한 이야기를 들었다. 다른 집단은 가난에 시달리고 부모의 뒷받침을 받지 못하는 등 개인적인 삶에서 겪은 어려움에 관한 이야기를 들었다. 또 다른 집단은 이들이 거둔 위대한 업적에 관한 이야기만 들었다.

📈 밝혀진 사실!

1   힘겹게 노력해서 성공한 과학자들의 개인적인 삶이나 직업적인
    삶에 관한 이야기를 들은 학생들은 그 과학자들과 더 가까워진
    기분을 느꼈다. 그 결과 과학자들의 위대한 업적에 관한 이야기
    만 들은 학생들보다 차후에 더 좋은 성적을 얻었다.

2   이런 긍정적인 효과는 과학수업에서 어려움을 겪고 있는 학생
    들에게서 가장 두드러지게 나타났다.

3   과학자들의 위대한 업적에 대해서만 들은 학생들은 성적이 하
    락했다. 그 과학자들을 자신과 관계가 먼 사람들로 느끼고, 그
    들에 비하면 자신은 그렇게 뛰어난 실력을 갖추지 못할 것이라
    고 믿은 탓이었다.

연구진은 "과학자의 성공은 특출한 재능에 달려 있다는 학생의 믿음
은 학습동기에 부정적인 영향을 끼친다."라고 결론짓는다. 그리고 과
학자들이 성공에 이르기까지 어떤 힘겨운 시기를 극복해야 했는지를
수업에서 가르치면 "학생들의 학습동기와 과학 실력 향상에 도움이 될
수 있으며, 다른 과목에도 적용될 수 있다."라는 다소 낙관적이고 희망
적인 진술로 논문을 마무리한다.

아이들이 실패의 원인을 내적으로 정착된 요인(예를 들면, 지능 부족)의 탓으로 돌린다면, 이것이 '자기충족적 예언(self-fulfilling prophecy)'으로 작용해서 노력을 안 하게 되고, 결국에는 실패한다. 이런 아이들은 결과에 영향을 주기 위해 자신이 할 수 있는 일이 거의 없다고 믿기 때문에 심각한 스트레스와 좌절감을 느끼기도 한다.

관련 연구에 따르면, 이러한 **학습된 무기력을 극복하기 위해서는 실패를 운이나 노력 같은 일시적인 요인 탓으로 돌리는 것이 도움이 될 수 있다.** 그렇게 되면 더욱 낙관적인 사고방식과 성적향상을 기대할 수 있다.

🏛 실제 활용하기

특출한 능력과 높은 지능이 과학과 수학을 잘하는 전제조건이라고 믿게 되면, 아이들은 과학과 수학을 공부하기로 마음먹는 경우가 더 적어질 뿐 아니라, 이 과목에서 뛰어난 아이들을 보며 위기감을 느끼고, 어려움이 닥쳤을 때 금세 포기하게 될 것이다. 쉽게 말해서 "과학수업이 어렵다고 느껴지는 순간, 아이들은 자신이 과학에 소질이 없고 앞으로도 절대 과학을 잘할 수 없으리라고 잘못 생각하게 된다."라고 저자들은 설명한다.

과학자들의 생애를 들려줌으로써 성공에 필요한 조건에 관한 믿음을 재구성하는 것은 아주 효과적인 방법인 것으로 밝혀졌다. 연구진은 그 이유로 **"생애에 관한 이야기를 들려주면 그 사람의 처지에서 그 사람의 눈으로 세상을 보고, 그가 겪은 상황과 비슷한 상황을 상상하게 되어 기억에 잘 남기 때문"**이라고 설명한다.

많은 과학교재에는 아인슈타인의 상대성이론, 마리 퀴리의 라듐을 이용한 암 치료, 마이클 패러데이의 전자기 유도법칙 발견과 같은 위대한 과학적 발견에 관한 설명이 나와 있다. 이 연구는 이런 설명만 들을 경우 과학을 어려워하는 학생들은 상대적으로 자신이 열등하다고 느껴서 공부할 의욕이 사라질 수도 있다고 주장한다. **학생들에게 이런 위대한 업적 이면의 이야기, 그중에서도 특히 회복탄력성과 끈기가 필요했던 상황을 들려주면, 아이들이 관심을 기울이고 더 열심히 공부하게 될 것이다.**

75

어떤 교사가
유능한 교사일까?

 흥미로운 실험

교사의 유능함을 예측할 수 있는 요인은 무엇일까? 처음으로 교단에 서는 젊은 교사들은 많은 학생 앞에서 가르쳐야 한다는 생각에 덜컥 겁을 먹기도 한다. 그런데 어떤 성격적 특성이 있어야 다른 교사들과 구별되는 최고의 교사가 될 수 있을까?

연구팀은 열악한 학교에 근무하는 신입 교사 390명을 추적하고, 교사의 성격적 특성별로 학생들의 성적이 1년 동안 어떻게 변화했는지를 조사했다.

📈 밝혀진 사실!

1   교사에게 다음과 같은 특성이 있을 경우 학생들의 성적이 크게
    향상됐다.

- 교직에 대한 열정과 끈질긴 근성(학계에서 흔히 '그릿(grit)'
  이라고 불리는 특성)
- 삶에 대한 높은 만족도: 연구진은 "삶의 만족도가 높은 교사
  들은 학생들의 관심을 끌어내는 데 능숙하고, 열정과 열의를
  학생들에게까지 전파하기도 한다."고 설명한다.
- 낙관적인 태도와 실패를 딛고 일어서는 능력

2   특히 이런 성격적 특성이 있는 초등학교 교사나 특수학교 교사
    들이 학생들의 성적에 가장 큰 영향을 미쳤다.

🔍 관련 연구

좋은 교사의 특징에 관해서는 그동안 상당히 많은 연구가 이루어졌다(학습과학 21). 그중 한 분야인 경험에 관해서는, 교사의 경험이 풍부할수록 학생들이 더 많이 배운다는 사실이 대규모 연구에서 밝혀졌다. 특히 교직에 입문한 지 몇 년 안 되는 신입 교사들의 경우 경험의 긍정적 효과가 더 크게 작용했다는 점은 주목할 가치가 있다.

조금은 직관에 반하는 것으로 들릴지 모르지만 연구에 따르면 **교사의 교육 수준은 학생의 학업성취도를 예측하는 요인이 되지 못했다.** 아마도 그 이유는 특정 주제에 대한 뛰어난 지식이 그 지식을 효과적으로 가르치는 능력으로 이어지는 것은 아니기 때문일 것이다.

교육 분야 이외의 연구에서는 투지와 끈기가 더 강한 학생일수록 그렇지 않은 학생들보다 아주 힘든 상황에서 더 오래, 더 열심히 노력한다는 사실이 밝혀졌다. 또 교사가 받는 스트레스 수준을 조사한 연구에서는 교사의 기분과 행복감이 학생들에게 전달된다는 사실도 확인됐다. 밝혀진 이런 모든 증거는 **삶의 만족도가 높고 회복탄력성이 높은 교사들은 학생들의 발전에 더 큰 도움을 줄 수 있다**는 이 연구의 결과를 뒷받침한다.

🏛 실제 활용하기

교직을 떠나는 교사들이 해마다 늘고 새로 교직에 입문하는 교사의 수는 갈수록 줄어들고 있으며 특히 수학, 과학, 영어 과목에서 그런 현상이 많이 나타난다. 확실한 결론을 내리기에 아직은 좀 이를지 모르지만, 새로 교사를 뽑을 때나 현재 근무 중인 교사들을 최대한 지원하려고 할 때 위의 연구결과를 참고할 수 있을 것이다.

이 연구는 여기서 다룬 3가지 요소(열정과 끈질긴 근성, 삶의 만족, 낙관주의)가 비교적 쉽게 변하지 않는 성품이지만 그렇다고 변화가 완전히 불가능한 것은 아니므로, 교사연수와 계속 진행되는 교사 전문성개발 프로그램에 이런 내용을 포함하면 좋을 것이라는 희망적인 언급으로 연구를 마무리한다. 연구진은 이렇게 진술한다. **"학생들의 인생과 배움에 교사가 얼마나 중대한 역할을 하는지 고려할 때, 교사들의 능력 향상에 도움이 될 수 있는 방법이라면 시험해볼 가치가 충분하다고 본다."**

76

학업 스트레스까지
극복하는 인출연습

 흥미로운 실험

인출연습(retrieval practice)을 하면서 공부하는 학생들은 아주 중요한 시험을 앞두고 있을 때처럼 스트레스를 받는 상황에서 정보를 더 잘 기억해낼까? 이를 확인하기 위해서 연구진은 학생들의 절반은 문제풀이를 많이 하면서(즉, 인출연습을 하면서) 공부하게 하고, 나머지 절반은 배운 내용 중에서 중요한 부분을 다시 읽으면서 공부하게 했다. 그리고 각 집단을 다시 반으로 나눠서 반은 스트레스가 있는 환경에, 나머지 반은 스트레스가 없는 환경에 두고, 학생들이 배운 내용을 얼마나 많이 기억하고 있는지 확인했다.

📈 밝혀진 사실!

1   인출연습으로 공부한 학생들은 필기한 노트를 읽으면서 공부한
     학생들보다 17-26퍼센트 더 많이 기억했다.

2   노트를 읽으면서 공부한 학생들이 높은 스트레스에 노출됐을 때
     답을 기억하는 비율은 최대 32퍼센트까지 하락했다.

3   인출연습으로 공부한 학생들은 스트레스가 높아지더라도 암기
     에 부정적인 영향이 나타나지 않았다.

4   인출연습은 스트레스의 부정적인 영향을 상쇄하는 효과가 아주
     커서, 스트레스가 높은 상황에서 인출연습을 한 학생들은 스트레
     스가 없었거나 아니면 단순히 읽으면서 공부한 학생들보다 더 좋
     은 성과를 냈다.

🔍 관련 연구

스트레스는 뇌에서 분비되는 코르티솔(cortisol) 수치를 상승시켜서 암기력을 저해한다고 알려져 있다. 코르티솔은 해마(hippocampus, 뇌에서 기억을 주로 담당하는 부분) 근처의 통로를 막아서, 뭔가를 기억하기 더 어렵게 만든다. 인출연습을 하면 이런 상황을 피할 수 있다. **답을 생각해내려고 하는 과정에서 정보에 접근하는 확실한 경로가 많이 만들어지기 때문에 스트레스로 인해 차단된 흐름의 우회로가 생긴다.**

흥미롭게도 스트레스 수준에는 전염성이 있는 것으로 보인다. 부모가 느끼는 스트레스의 수준이 자녀에게 그대로 옮겨가는 경우가 많다는 사실이 별도로 진행된 두 연구에서 밝혀졌다. 하지만 스트레스가 늘 나쁘기만 한 것은 아님을 엿볼 수 있는 증거도 있다. 스트레스가 너무 적으면 무기력해지거나 극단적인 무관심에 빠질 수도 있다. 물론 과도한 스트레스는 불안감을 상승시키고, 시야를 좁히고, 기억력 저하를 초래하기도 한다. 그러므로 너무 많지도, 너무 적지도 않은 적정 수준의 스트레스가 과업 수행에 도움이 되는 듯하다.

🏛 실제 활용하기

이 연구에 의하면, **아이들에게 쪽지시험, 객관식 문제, 서술형 문제, 구두시험 등의 인출연습이 중요하다는 점을 가르치면, 교과내용을 더 빨리 익힐 뿐 아니라 시험의 압박감 속에서도 배운 지식을 잘 기억해 두었다가 떠올려서 활용할 수 있다고** 한다.

여기서 아이들이 새겨들어야 할 메시지는 더없이 확실하고 간단하다. 바로 **시험을 잘 보기 위해 공부하는 것이 아니라 공부를 잘하기 위해 시험을 많이 봐야 한다**는 것이다. 그렇게 하면 스트레스가 있는 상황에서도 더 많이 배우고 더 좋은 성적을 낼 수 있다. 다시 말해 가장 중요한 상황에서 최선의 결과를 낼 수 있게 된다.

77

보는 것만으로는
실력이 나아지지 않는다

 흥미로운 실험

연구자들은 다른 누군가가 어떤 과업을 수행하는 모습을 보는 것이 자신도 할 수 있겠다는 부정확하거나 과장된 자신감을 불러일으키지는 않는지 알아보았다. 이들은 다른 사람들이 다양한 과업을 성공적으로 수행하는 모습을 피험자들에게 지켜보게 했다. 채택된 과업에는 식탁보 빼기, 미끄러지듯이 뒤로 걷기(moonwalking), 다트 던지기, 온라인 비디오게임 등이 있었다. 그다음에 피험자들에게 그런 과업을 해낼 수 있는 자신감이 얼마나 있는지를 조사하고, 실제로 그것을 해보게 한 뒤에 그들의 자신감이 얼마나 정확했는지를 평가했다.

📈 밝혀진 사실!

1   다른 사람들이 특별한 기술을 선보이는 모습을 더 많이 볼수록 자기도 똑같이 할 수 있다고 생각할 가능성은 그만큼 커진다.

2   더 많이 본다고 실력이 꼭 더 나아지는 것은 아니다. 다른 사람이 하는 모습을 여러 차례 관찰했다고 해서 단 한 차례만 봤을 때보다 실제 능력이 향상되는 것은 아니었다.

3   흥미롭게도 어떤 과업에 관한 정보를 읽거나 그 과업을 해볼 마음을 먹는다고 해서 그 활동에 대한 자신감이 높아지지는 않았다. 자신감 상승은 다른 사람이 실제로 하는 모습을 봤을 때만 나타났다.

4   이런 그릇된 자신감은 다른 사람이 하는 모습을 여러 번 보면서 어떤 단계를 거쳐야 하는지 포착할 때부터 싹튼다. 하지만 지켜보는 것만으로는 그런 각각의 단계가 실제로 어떤 느낌인지 알 수 없다.

남들이 능숙하게 무언가를 해내는 모습을 다양한 각도에서 느린 화면으로 지켜보는 것만으로는 그 기술을 완벽히 습득할 수 없다는 연구결과도 있다. "과업을 수행하는 모습을 숱하게 지켜보더라도 가장 중요한 것, 즉 '실제로 수행할 때의 느낌'은 결코 경험할 수 없기 때문"이라고 연구자들은 설명한다. 물론 다른 사람이 하는 모습을 지켜보는 것이 아무것도 안 하는 것보다는 낫다는 연구결과도 있다. 하지만 기본적으로 실력과 전문성을 키우는 데는 오랜 시간의 체계적이고 계획적인 연습이 필요하다.

최근의 한 연구는 학생들에게 몇 가지 방법을 제시하고, 새로운 지식이나 기술을 배울 때 어떤 방법을 가장 먼저 찾아보고 가장 많이 활용할 것인지 물었다. 제시된 방법은 (a) 다른 사람이 과업을 수행하는 모습을 지켜보기 (b) 그 과업에 관한 자료를 읽기 (c) 그 과업에 관한 설명을 듣기였다. 조사 결과 남들이 실행하는 모습을 지켜보는 것이 가장 믿을 만하고, 따라 하기 쉬우며 가장 효과적일 것 같은 방법으로 꼽혔다. 그런데 이 연구결과를 고려하면 그 선택이 그다지 현명하지 않을 수도 있다. 실제로 해당 연구를 진행한 연구자들도 **"운동선수, 화가, 기술자가 눈앞에서 기술을 시연하는 모습을 보면 자신도 그 기술을 터득한 것 같은 기분이 들겠지만, 그런 기술들은 대부분 보기에는 쉬워도 실제로 하기는 어려울 수 있다."**라고 결론지었다.

🏢 실제 활용하기

교실수업에 관한 기존 연구를 통해, 그릇된 자신감을 가질 가능성이 가장 큰 아이들은 대개 수업에서 가장 뒤처지는 아이들임을 유추할 수 있다. 이는 '더닝-크루거 효과(Dunning-Kruger effect)'(학습과학 18)라고 불리는 현상이 작용한 결과다. 이런 현상은 다른 사람이 과업을 성공적으로 수행하는 모습을 여러 차례 지켜보면 더 심해질 수 있다. "그 이후에 필요한 연습 방식과 연습량을 오해해서 제대로 대비하지 못하는" 결과에 이르기 때문이다.

이런 사실에서, 그릇된 자신감은 자세한 단계별 실행 과정은 알지만 실제로 자기가 직접 한 것은 아니라는 데서 기인한다는 점이 확인된다. 절차에 관한 지식이 있으면 자신감이 생길지 모르지만, 실제로 직접 부딪쳐서 연습하는 과정을 거쳐야 제대로 된 실력을 키울 수 있다. **아이들에게 실행 과정을 여러 차례 보여주는 것이 좋은 시작이 될 수는 있지만, 진정한 배움을 얻기 위해서는 아이들이 반드시 직접 연습해보도록 지도해야 한다.**

색깔별로 찾아보는
학습과학 조언

기억력 향상을 위한 조언

배운 내용을 머릿속에 잘 기억해두려면 어떻게 해야 할까? 연구로 확인된 바에 따르면, 다음과 같은 방법들이 투자한 노력에 비해 효과가 가장 크다.

인출연습	주어진 질문에 답을 생각해내는 활동이다. 기출문제 풀이, 쪽지시험, 객관식 시험, 구두시험 등이 있다.
시간 간격을 둔 반복연습	많은 양을 한 번에 공부하는 것보다 조금씩 자주 공부하는 것이 좋다.
인터리빙	주어진 주제에 관한 다양한 유형의 문제를 푼다.
사전 질문	가르치기 전에 해당 내용에 관한 질문을 던진다.
정교화 질문	'왜 그럴까?' 혹은 'X에는 적용이 되는데, 왜 Y에는 안 되는 걸까?' 같은 질문을 해본다.
이중부호화	그림과 글을 조합한다.
집중을 방해하는 요인 피하기	새롭거나 복잡한 내용을 배울 때는 음악, 그중에서도 특히 가사가 있는 음악은 듣지 않도록 지도한다.
기억하고자 하는 것 회상하기	밑줄을 치거나 단순히 노트를 다시 읽는 것은 기계적인 활동이 되기 쉬워서 학습효과가 떨어진다.
소리 내서 읽기	노트에 필기된 내용을 다시 읽을 경우에는, 소리를 내서 읽어야 생산효과가 생겨서 더 잘 기억할 수 있다.
해당 내용을 다른 사람에게 가르치기	더 깊이 배우고 머릿속 지식을 정리하는 데 도움이 된다.

사고관점, 동기, 회복탄력성 향상을 위한 조언

배우려는 자세를 갖고 높은 수준의 노력과 끈기를 발휘할 수 있게 도우려면 다음과 같이 하는 게 좋다.

발전하고 나아질 수 있다는 믿음을 갖도록 돕기	이는 다음과 같은 것들에 초점을 맞춤으로써 가능하다. • 타고난 능력보다는 노력과 학습전략 • 결과만이 아니라 과정 • 실수를 발전에 보탬이 되는 정보나 배움의 기회로 보기
목적의식을 키우기	현재의 활동을 미래의 목표 달성에 도움이 되는 과정으로 생각할 수 있게 한다.
실패에 대해 설명하기	실패의 원인을 개인의 탓으로 돌리면 회복탄력성이 줄어들므로 그렇게 하지 않도록 격려한다.
성공에 관해 설명하기	성공에 관해 생각해보도록 유도한다. 성공의 비결을 외부의 요인이나 행운으로 돌리면, 동기와 자신감이 서서히 사그라지게 된다.
도움을 구하기	활용 가능한 모든 자원과 도움을 활용하도록 격려한다. 도움을 요청하는 행동은 나약함이 아닌 힘의 발현임을 알려준다.
통제 가능한 것들만 통제하기	중요하고 자신의 통제 범위 안에 있는 것에 초점을 맞춰야 한다는 점을 상기시킨다.
도전과 지원	회복탄력성이 원활히 작용하려면, 상당한 노력이 필요하면서도 동시에 관심과 지원이 제공되는 분위기여야 한다.

자기조절과 메타인지 향상을 위한 조언

높은 자기인식 수준을 갖고 유용한 사고과정과 전략을 선택하는 능력은 배움의 든든한 기반이다. 이는 다음과 같은 방법으로 극대화할 수 있다.

충분한 수면	십대 청소년들은 성인보다 잠이 더 많이 필요하다. 8-10시간 수면을 목표로 한다.
내면의 대화 통제하기	학생들이 혼잣말하는 방식은 생각, 기분, 행동에 영향을 끼친다.
휴대전화 관리하기	휴대전화를 주위에 두지 않는 학생들이 더 잘 집중하고 더 효율적으로 공부한다.
메타인지와 성찰	학생들에게 다음과 같은 질문을 스스로 해보게 한다. • 어떤 자료가 공부에 도움이 될까? • 이 자료는 왜 유용한가? • 이 자료를 어떻게 사용할 것인가?
만족지연	장기적으로 성공을 위해서 당분간 고생하는 편이 나은 경우도 있다. 즉, 만족을 미룰 수 있어야 한다.
주의산만에 대응하기	학생들은 월요일과 금요일에는 집중을 더 못하는 경향이 있다. 그에 맞춰 대응한다.
하지 말라는 말 하지 않기	원하지 않는 것이 아니라 원하는 것에 초점을 맞추는 것이 좋다.
모든 스트레스가 나쁜 것은 아니다	스트레스는 불확실성에서 발생하는 경우가 많다. 하지만 모든 스트레스가 다 나쁘지는 않다. 스트레스가 유익하게 작용하는 데 역점을 두면 성적향상을 꾀할 수 있다.

학생들을 위한 조언

말보다 행동이 중요하다. 좋은 의도가 있더라도 그것을 긍정적인 행동으로 옮기지 않으면 의미가 없다. 효과적인 학습에 도움이 될 간단한 전략 중에서 즉시 적용할 수 있는 방법들을 소개한다.

아침 식사하기	기분, 기억력, 성적을 향상시키는 가장 쉬운 방법 중 하나다.
필기하기	효과적인 필기를 위해서는 • 노트북 컴퓨터 대신 펜과 종이를 이용한다. • 강의내용을 글자 그대로 옮겨 적지 않도록 한다. 자신의 언어로 요약한다. • 각 소단원이나 주제가 끝났을 때 정리해서 필기한다.
높은 열망과 기대 품기	조금 더 높은 목표에 도전해본다.
함께 공부할 친구를 신중하게 고르기	노력은 전염된다.
휴대전화 조명 낮추기	잠자리에 들기 몇 시간 전에 휴대전화 조명을 낮추면 숙면에 한결 도움이 된다.
완벽한 미래에 대한 몽상에 너무 오래 빠져 있지 않기	집중이 안 되고, 꾸물거리며 미루는 습관이 생길 수 있다. 미래에 관한 상상을 한다면, 성공을 위해 필요한 행동을 하고 있는 자신의 모습을 그리도록 한다.

교사의 태도, 기대, 행동에 관한 조언

교사들은 학생들의 배움에 결정적인 역할을 한다. 관련 증거에 따르면 다음과 같은 조치들은 더 깊은 수준의 학습을 촉발하고 학생의 발전을 가속화하는 데 도움이 된다.

모든 학생에게 높은 수준의 기대를 품기	이는 모든 학생이 실력을 키우고 성장할 수 있음을 믿는다는 뜻이다.
전략에 집중하기	학업성적이 부진할 때는 결과에 너무 속상해하지 않도록 학생들을 격려하고, 학습전략에 초점을 맞춘다.
인기 있는 교사가 되겠다는 목표를 갖지 않기	교사의 인기는 학생들이 그 교사를 통해 얼마나 많이 배우는지와는 관련이 없다. 인기보다는 신뢰를 쌓는 데 치중하라.
피드백을 현명하게 활용하기	피드백은 양날의 칼이다. 어떤 피드백은 득보다 실이 더 크다. 피드백을 줄 때는 특히 다음과 같은 점을 명심한다. • 학생의 실력에 관한 언급보다는 해당 과제를 앞으로 어떻게 하면 더 잘할 수 있을지에 대해 말하는 것이 효과적이다. • 학습동기를 높이기 위한 피드백은 학생들의 노력을 북돋울 수 있지만, 학생들이 이런 피드백에 너무 의존하게 되면 피드백이 없을 경우 성적이 떨어질 수 있다.
숙제를 정기적으로 배분해서 내주기	학생들이 하루에 숙제를 하면서 보내는 시간이 90분을 넘으면 그 이상의 시간을 투자한 것에 따른 효과는 거의 없다.

부모는 자녀에게 가장 좋은 것을 주고 싶어 한다. 다음 사항은 자녀의 학습과 성장을 뒷받침하는 데 든든한 바탕이 될 것이다.

자녀의 학업에 대한 기대를 높게 갖기	낮은 기대에 부응하는 사람은 없다. 관련 연구에 따르면 자녀에 대해 높은 기대를 갖는 것은 자녀의 학업성취도 향상을 위해 부모가 할 수 있는 일 중 가장 중요한 부분이다.
자녀와 함께 책읽기	어릴 때부터 규칙적으로 자녀와 함께 독서를 한다.
실패와 실수에 현명하게 대응하기	실패나 실수가 배움의 순간이라는 것에 대해 자녀와 대화를 한다. 그러면 아이에게 성장관점이 형성될 가능성이 커진다.
지나친 칭찬은 금물	자녀를 과도하게 칭찬하면 자칫 부모의 기대치가 낮다는 의미로 받아들일 수 있다. 또한 다른 아이와 비교해서 칭찬하면 아이에게 자아도취적인 행동이 생길 수 있다.
칭찬을 할 때는 과정과 행동에 초점을 맞추기	결과나 타고난 재능에 대한 칭찬은 되도록 삼가고 노력의 과정과 행동을 칭찬하도록 한다.
자녀와 함께 저녁식사 하기	학교생활에 관한 이야기를 나눌 소중한 시간이 된다.
명확한 원칙을 세워두기	자녀가 숙제시간과 휴식시간을 구분할 수 있도록 명확한 원칙을 정해둔다. 이 원칙을 세우기까지의 사고과정을 시간을 내서 아이에게 설명해주는 것도 도움이 된다.

사고의 편향성을 극복하기 위한 조언

사람들은 보통 스스로 생각하는 것만큼 합리적이거나 논리적이지 않다. 실제로 학습을 가로막는 편향된 생각이나 믿음이 많다. 이런 함정을 피하려면, 다음과 같은 내용을 알아두어야 한다.

어떤 과업을 완수하는 데 쓸 수 있는 시간은 생각보다 적다	따라서 적절히 계획을 짜고 되도록 빨리 시작하라.
타고난 재능의 유혹에 빠져서는 안 된다	사람들은 미래의 재능을 예측하는 데 서툴다. 따라서 현재의 유혹에 빠져 있지 말고 늘 색다른 미래의 시나리오를 상상해야 한다.
과거의 나와 현재의 나를 정확히 평가한다	사람들은 현재의 자신보다는 과거의 자신을 비판할 가능성이 더 크다. 이런 현상은 단기적인 자기보호 기제로, 자신의 능력과 견해를 정확히 평가하는 데 방해가 될 수 있다.
객관적인 자료를 사용한다	실력이 낮을수록 현재의 수준을 정확히 예측하기가 힘들어진다. 사실과 통계자료는 이를 극복하는 데 도움이 되는 수단이다.
조명효과에 빠지지 않는다	사람들은 대개 우리가 생각하는 것보다 우리에게 신경을 훨씬 덜 쓴다.
자기만의 생각에 빠져들지 않는다	대체로 사람들은 다른 사람의 의견보다 자기가 낸 의견을 더 좋아한다. 그래서 비판을 받아들이지 못하고, 언제 접근방식을 바꿔야 할지도 알지 못한다.
대중의 의견을 무조건 좇지 않는다	대중의 의견을 무조건 따르다 보면 바람직하지 못한 선택을 하거나 평소에는 하지 않을 일을 저지르게 된다.
약간은 회의적인 태도를 취한다	뇌와 학습방식에 관한 번드르르한 설명에 현혹되지 않는다. 항상 증거가 있는지를 살핀다.

학습과학을 뒷받침하는 연구논문 77

1. Dunlosky, J., Rawson, K. A., Marsh, E. J., Nathan, M. J., & Willingham, D. T. (2013). Improving students' learning with effective learning techniques: Promising directions from cognitive and educational psychology. *Psychological Science in the Public Interest*, 14(1), 4–58.

2. Khattab, N. (2015). Students' aspirations, expectations and school achievement: What really matters? *British Educational Research Journal*, 41(5), 731–748.

3. Buehler, R., Griffin, D., & Ross, M. (1994). Exploring the "planning fallacy": Why people underestimate their task completion times. *Journal of Personality and Social Psychology*, 67(3), 366.

4. Cepeda, N. J., Vul, E., Rohrer, D., Wixted, J. T., & Pashler, H. (2008). Spacing effects in learning a temporal ridgeline of optimal retention. *Psychological Science*, 19(11), 1095–1102.

5. Mueller, C. M., & Dweck, C. S. (1998). Praise for intelligence can undermine children's motivation and performance. *Journal of Personality and Social Psychology*, 75(1), 33.

6. Epley, N., & Dunning, D. (2000). Feeling "holier than thou": Are self-serving assessments produced by errors in self-or social prediction? *Journal of Personality and Social Psychology*, 79(6), 861.

7. Rattan, A., Good, C., & Dweck, C. S. (2012). "It's ok –Not everyone can be good at math": Instructors with an entity theory comfort (and demotivate) students. *Journal of Experimental Social Psychology*, 48(3), 731–737.

8. Sebastian, C., Viding, E., Williams, K. D., & Blakemore, S. J. (2010). Social brain development and the affective consequences of ostracism in adolescence. *Brain and Cognition*, 72(1), 134–145.

9. Rosenthal, R., & Jacobson, L. (1968). Pygmalion in the classroom. *The Urban Review*, 3(1), 16–20.

10. Terman, L. M., & Oden, M. H. (1959). *The gifted group at mid-life: Thirty-five years follow-up of a superior group*. Stanford, CA: Stanford University Press.

11. Castro, M., Expósito-Casas, E., López-Martín, E., Lizasoain, L., Navarro-Asencio, E., & Gaviria, J. L. (2015). Parental involvement on student academic achievement: A

meta-analysis. *Educational Research Review*, 14, 33-46.

12. Holdsworth, S., Turner, M., & Scott-Young, C. M. (2017). ... Not drowning, waving. Resilience and university: A student perspective. *Studies in Higher Education*, 1-17.

13. Shoda, Y., Mischel, W., & Peake, P. K. (1990). Predicting adolescent cognitive and self-regulatory competencies from preschool delay of gratification: Identifying diagnostic conditions. *Developmental Psychology*, 26(6), 978.

14. Paunesku, D., Walton, G. M., Romero, C., Smith, E. N., Yeager, D. S., & Dweck, C. S. (2015). Mind-set interventions are a scalable treatment for academic underachievement. *Psychological Science*, 26(6), 784-793.

15. Rohrer, D., & Taylor, K. (2007). The shuffling of mathematics problems improves learning. *Instructional Science*, 35, 481-498.

16. Haimovitz, K., & Dweck, C. (2016). What predicts children's fixed and growth mind-sets? Not their parents' view of intelligence but their parents' views of failure. *Psychological Science*, 27(6), 859-869.

17. Perham, N., & Currie, H. (2014). Does listening to preferred music improve reading comprehension performance? *Applied Cognitive Psychology*, 28(2), 279-284.

18. Kruger, J., & Dunning, D. (1999). Unskilled and unaware of it: How difficulties in recognizing one's own incompetence lead to inflated self-assessments. *Journal of Personality and Social Psychology*, 77(6), 1121.

19. Gunderson, E., Gripshover, S., Romero, C., Dweck, C., Goldin-Meadow, S., & Levine, S. (2013). Parental praise to 1-3 year olds predicts children's motivation framework 5 years later on. *Child Development*, 1-16.

20. Desender, K., Beurms, S., & Van den Bussche, E. (2016). Is mental effort exertion contagious? *Psychonomic Bulletin & Review*, 23(2), 624-631.

21. Uttl, B., White, C. A., & Gonzalez, D. W. (2016). Meta-analysis of faculty's teaching effectiveness: Student evaluation of teaching ratings and student learning are not related. *Studies in Educational Evaluation*, 54, 22-42.

22. Tsay, C. J., & Banaji, M. R. (2011). Naturals and strivers: Preferences and beliefs about sources of achievement. *Journal of Experimental Social Psychology*, 47(2), 460-465.

23. Roediger III, H. L., & Karpicke, J. D. (2006). Test-enhanced learning: Taking memory tests improves long-term retention. *Psychological Science*, 17(3), 249-255.

24. Wegner, D., Schneider, D., Carter, S., & White, T. (1987). Paradoxical effects of thought suppression. *Journal of Personality and Social Psychology*, 53(1), 5-13.

25. Kluger, A., & DeNisi, A. (1996). The effects of feedback interventions on performance: A historical review, a meta-analysis and a preliminary feedback intervention theory. *Psychological Bulletin*, 119(2), 254-284.

26. Jang, H. (2008). Supporting students' motivation, engagement, and learning during an uninteresting activity. *Journal of Educational Psychology*, 100(4), 798.

27. Wilson, A., & Ross, M. (2001). From chump to champ: People's appraisals of their earlier and present selves. *Journal of Personality and Social Psychology*, 80(4), 572-584.

28. Pressley, M., McDaniel, M. A., Turnure, J. E., Wood, E., & Ahmad, M. (1987). Generation and precision of elaboration: Effects on intentional and incidental learning. *Journal of Experimental Psychology: Learning, Memory, and Cognition*, 13(2), 291.

29. Walker, M. P., & van Der Helm, E. (2009). Overnight therapy? The role of sleep in emotional brain processing. *Psychological Bulletin*, 135(5), 731.

30. Thornton, B., Faires, A., Robbins, M., & Rollins, E. (2014). The mere presence of a cell phone may be distracting. *Social Psychology*, 45(6), 479-488.

31. Kidd, C., Palmeri, H., & Aslin, R. N. (2013). Rational snacking: Young children's decision-making on the marshmallow task is moderated by beliefs about environmental reliability. *Cognition*, 126(1), 109-114.

32. Peper, R. J., & Mayer, R. E. (1986). Generative effects of note-taking during science lectures. *Journal of Educational Psychology*, 78(1), 34-38.

33. Vergauwe, J., Wille, B., Feys, M., De Fruyt, F., & Anseel, F. (2015). Fear of being exposed: The trait-relatedness of the impostor phenomenon and its relevance in the work context. *Journal of Business and Psychology*, 30(3), 565-581.

34. Forrin, N., & MacLeod, C. (2018). *This time it's personal: The memory benefit of hearing oneself.* Memory, 26(4), 574-579.

35. Wesnes, K. A., Pincock, C., Richardson, D., Helm, G., & Hails, S. (2003). Breakfast reduces declines in attention and memory over the morning in schoolchildren. *Appetite*, 41(3), 329-331.

36. Parsons, S., & Hallam, S. (2014). The impact of streaming on attainment at age

seven: Evidence from the Millennium Cohort Study. *Oxford Review of Education*, 40(5), 567-589.

37. Martin, A. J., Colmar, S. H., Davey, L. A., & Marsh, H. W. (2010). Longitudinal modelling of academic buoyancy and motivation: Do the 5Cs hold up over time? *British Journal of Educational Psychology*, 80(3), 473-496.

38. Gilovich, T., Medvec, V. H., & Savitsky, K. (2000). The spotlight effect in social judgment: An egocentric bias in estimates of the salience of one's own actions and appearance. *Journal of Personality and Social Psychology*, 78(2), 211.

39. Fletcher, D., & Sarkar, M. (2016). Mental fortitude training: An evidence-based approach to developing psychological resilience for sustained success. *Journal of Sport Psychology in Action*, 7(3), 135-157.

40. Wood, B., Rea, M. S., Plitnick, B., & Figueiro, M. G. (2013). Light level and duration of exposure determine the impact of selfluminous tablets on melatonin suppression. *Applied Ergonomics*, 44(2), 237-240.

41. Mayer, R. E., & Anderson, R. B. (1991). Animations need narrations: An experimental test of a dual-coding hypothesis. *Journal of Educational Psychology*, 83(4), 484-490.

42. Nestojko, J., Bui, D., Kornell, N., & Bjork, E. (2014). Expecting to teach enhances learning and organization of knowledge in free recall of text passages. *Memory and Cognition*, 42(7), 1038-1048.

43. Atir, S., Rosenzweig, E., & Dunning, D. (2015). When knowledge knows no bounds: Self-perceived expertise predicts claims of impossible knowledge. *Psychological Science*, 26(8), 1295-1303.

44. Kerr, N., & Hertel, G. (2011). The Köhler group motivation gain: How to motivate the "weak links" in a group. *Social and Personality Psychology Compass*, 5(1), 43-55.

45. Norton, M., Mochon, D., & Ariely, D. (2011). The "IKEA effect": When labor leads to love. *Journal of Consumer Psychology*, 22(3), 453-460.

46. Parson, J., Adler, T., & Kaczala, C. (1982). Socialization of achievement attitudes and beliefs: Parental influences. *Child Development*, 53(2), 310-321.

47. Reeve, J., Jang, H., Carrell, D., Jeon, S., & Barch, J. (2004). Enhancing students' engagement by increasing teachers' autonomy support. *Motivation and Emotion*, 28(2), 147-169.

48. Wammes, J., Boucher, P., Seli, P., Cheyne, J., & Smilek, D. (2016). Mind wandering during lectures I: Changes in rates across an entire semester. *Scholarship of Teaching and Learning in Psychology*, 2(1), 13-32.

49. Beland, L. P., & Murphy, R. (2015). Communication: *Technology, distraction & student performance*. CEP Discussion Paper No. 1350, Centre of Economic Performance.

50. Miller, C., & Krizan, Z. (2016). Walking facilitates positive affect (even when expecting the opposite). *Emotion*, 16(5), 775-785.

51. Crum, A., Salovey, P., & Achor, S. (2013). Rethinking stress: The role of mindsets in determining the stress response. *Journal of Personality and Social Psychology*, 104(4), 716-733.

52. Hattie, J., & Timperley, H. (2007). *The power of feedback. Review of Educational Research*, 77(1), 81-112.

53. Kross, E., Bruehlman-Senecal, E., Park, J., Burson, A., Dougherty, A., Shablack, H., Bremner, R. Moser, J. and Ayduk, O. (2014). *Self-talk as a regulatory mechanism: How you do it matters. Journal of Personality and Social Psychology*, 106(2), 304.

54. Senechal, M., & LeFevre, J. (2002). Parental involvement in the development of children's reading skill: A five-year longitudinal study. *Child Development*, 73(2), 445-460.

55. Weisberg, D. S., Keil, F. C., Goodstein, J., Rawson, E., & Gray, J. R. (2008). The seductive allure of neuroscience explanations. *Journal of Cognitive Neuroscience*, 20(3), 470-477.

56. Ariely, D., & Wertenbroch, K. (2002). Procrastination, deadlines, and performance: Self-control by pre-commitment. *Psychological Science*, 13(3), 219-224.

57. Zhao, L., Heyman, G., Chen, L., & Lee, K. (2017). Telling young children they have a reputation for being smart promotes cheating. *Developmental Science*, 21(3), e12585.

58. Pekrun, R., Lichtenfeld, S., Marsh, H., Murayama, K., & Goetz, T. (2017). Achievement emotions and academic performance: Longitudinal models of reciprocal effects. *Child Development*, 88(5), 1653-1670.

59. Berman, M. G., Jonides, J., & Kaplan, S. (2008). The cognitive benefits of interacting with nature. *Psychological Science*, 19(12), 1207-1212.

60. De Berker, A., Rutledge, R., Mathys, C., Marshall, L., Cross, G., Dolan, R., & Bestman, S. (2016). Computations of uncertainty mediate acute stress responses in humans. *Nature Communications*, 7, 10996.

61. Chen, P., Chavez, O., Ong, D., & Gunderson, B. (2017). Strategic resource use for learning: A self-administered intervention that guides self-reflection on effective resource use enhances academic performance. *Psychological Science*, 28(6), 774-785.

62. Agasisti, T., Avvisati, F., Borgonovi, F., & Longobardi, S. (2018). *Academic resilience: What schools and countries do to help disadvantaged students succeed in PISA*. OECD Education Working Papers, No. 167, OECD.

63. Pham, L., & Taylor, S. (1999). From thought to action: Effects of process- versus outcome-based mental simulations on performance. *Personality and Social Psychology Bulletin*, 25(2), 250-260.

64. Burnett, P. C. (1999). Children's self-talk and academic self-concepts: The impact of teachers' statements. *Educational Psychology in Practice*, 15(3), 195-200.

65. Brummelman, E., Thomaes, S., Nelemans, S., Orobio, B., Overbeek, G., & Bushman, B. (2015). Origins of narcissism in children. *PNAS*, 112(12), 3659-3662.

66. Murre, J. M., & Dros, J. (2015). Replication and analysis of Ebbinghaus' forgetting curve. *PLoS ONE*, 10(7), e0120644.

67. Fernández-Alonso, R., Suárez-Álvarez, J., & Muñiz, J. (2015). Adolescents' homework performance in mathematics and science: Personal factors and teaching practices. *Journal of Educational Psychology*, 107(4), 1075-1085.

68. Robins, R., & Pals, J. (2002). Implicit self-theories in the academic domain: Implications for goal orientation, attributions, affect, and self-esteem change. *Self and Identity*, 1(4), 313-336.

69. Carpenter, S., & Toftness, A. (2017). The effect of prequestions on learning from video presentations. *Journal of Applied Research in Memory and Cognition*, 6(1), 104-109.

70. Pashler, H., McDaniel, M., Rohrer, D., & Bjork, R. (2008). Learning styles concepts and evidence. *Psychological Science in the Public Interest*, 9(3), 105-119.

71. Fulker, J., Story, M., Mellin, A., Leffert, N., Neumark-Sztainer, D., & French, S. (2006). Family dinner meal frequency and adolescent development: Relationship with developmental assets and high-risk behaviours. *Journal of Adolescent Health*,

39(3), 337-345.

72. Mueller, P., & Oppenheimer, D. (2014). The pen is mightier than the keyboard: Advantages longhand over laptop note taking. *Psychological Science*, 25(6), 1159-1168.

73. Asch, S. E. (1951). Effects of group pressure upon the modification and distortion of judgments. In H. Guetzkow (Ed.), *Groups, leadership and men: Research in human relations* (pp. 177-190). Oxford: Carnegie Press.

74. Lin-Siegler, X., Ahn, J. N., Chen, J., Fang, F.-F. A., & Luna-Lucero, M. (2016). Even Einstein struggled: Effects of learning about great scientists' struggles on high school students' motivation to learn science. *Journal of Educational Psychology*, 108(3), 314-328.

75. Duckworth, A., Quinn, P., & Seligman, M. (2009). Positive predictors of teacher effectiveness. *Journal of Positive Psychology*, 4(6), 540-547.

76. Smith, A. M., Floerke, V. A., & Thomas, A. K. (2016). *Retrieval practice protects memory against acute stress. Science*, 354(6315), 1046-1048.

77. Kardas, M., & O'Brien, E. (2018). Easier seen than done: Merely watching others perform can foster an illusion of skill acquisition. *Psychological Science*, 29(4), 521-536.

모든 교사, 학부모가 꼭 알아야 할
학습과학 77

초판 1쇄 발행   2020년 12월 10일
초판 3쇄 발행   2022년 6월 10일

지은이   브래들리 부시, 에드워드 왓슨
옮긴이   신동숙
감수자   이찬승

펴낸이   이찬승
펴낸곳   교육을바꾸는사람들

편집·마케팅   고명희, 서이슬, 정일웅, 김지현
제작   류제양
디자인   우유니

출판등록   2012년 04월 10일 | 제313-2012-114호
주소   서울시 마포구 양화로7길 76 평화빌딩 3층
전화   02-320-3600
팩스   02-320-3611

홈페이지   http://21erick.org
이메일   gyobasa@21erick.org
포스트   post.naver.com/gyobasa_edu
유튜브   youtube.com/gyobasa
트위터   twitter.com/GyobasaNPO
인스타그램   instagram.com/gyobasa

ISBN   978-89-97724-07-9 (93370)

책값은 뒷면 표지에 적혀 있습니다.
잘못 만든 책은 구입하신 서점에서 바꾸어드립니다.
본 책의 수익금은 사회적 돌봄이 필요한 아동청소년을 위한 교육지원사업에 사용됩니다.